FICHA CATALOGRÁFICA
(Preparada na Editora)

P49p Pereira, Frederico Sawabini, 1967-
    Por que eu decidi viver? / Frederico Sawabini Pereira.
Araras, SP, IDE, 1ª edição, 2018.
144 p.
ISBN 978-85-7341-733-3
1. Romance 2. Espiritismo I. Título.

                      CDD -869.935
                            -133.9

Índices para catálogo sistemático
1. Romance: Século 21: Literatura brasileira 869.935
2. Espiritismo 133.9

Por que eu decidi viver?

ISBN 978-85-7341-733-3

1ª edição - novembro/2018

Copyright © 2018,
Instituto de Difusão Espírita - IDE

Conselho Editorial:
Doralice Scanavini Volk
Wilson Frungilo Júnior

Coordenação geral:
Jairo Lorenzeti

Revisão de texto:
Mariana Frungilo Paraluppi

Capa:
César França de Oliveira

Diagramação:
Maria Isabel Estéfano Rissi

INSTITUTO DE DIFUSÃO ESPÍRITA - IDE
Av. Otto Barreto, 1067
CEP 13602-0600 - Araras/SP - Brasil
Fone (19) 3543-2400
CNPJ 44.220.101/0001-43
Inscrição Estadual 182.010.405.118
www.ideeditora.com.br
editorial@ideeditora.com.br

Todos os direitos reservados. Nenhuma parte desta publicação pode ser reproduzida, armazenada ou transmitida, total ou parcialmente, por quaisquer métodos ou processos, sem autorização do detentor do copyright.

"Esta é uma obra de ficção, qualquer semelhança com nomes, pessoas, fatos ou situações da vida real terá sido mera coincidência."

Sonhamos o voo, mas tememos a altura.
FIÓDOR DOSTOIÉVSKI

FREDERICO SAWABINI

Por que eu decidi viver?

ide

Agradecimentos

Agradeço a Deus por existir, pela vida que me deu e por tudo o que tenho aprendido. Agradeço à minha esposa Maria Letícia pelo amor, pelo companheirismo, pela paciência e por, ao ler a obra quando ainda inacabada, abrir-me horizontes. Agradeço às minhas filhas, ao meu neto e a toda a minha família pela alegria e oportunidade do conviver. Agradeço também ao meu amigo Hélio Ribeiro, assim como a todas as instituições que me concederam o privilégio de ser voluntário e a todos os amigos que passaram e passarão pela minha vida, pela oportunidade de me tornar EU.

Sumário

Prefácio 11
Prólogo 14
1. Minha infância 22
2. A adolescência 31
3. O inesperado 39
4. Sonhos e Pesadelos 50
5. A vida segue em frente 63
6. Um ano em Paris 72
7. O primeiro emprego 91
8. O casamento 101
9. Chegadas e partidas 109
10. Que valores me motivam? 117
11. A aposentadoria 125
    Epílogo 136

Prefácio

VALORIZAR A VIDA E O RELACIONAMENTO FAMILIAR são os dois assuntos que funcionam como verdadeiras molas mestras deste livro e que despertarão em você, leitor, o prazer da leitura. O tema suicídio, tão importante e tão pouco veiculado nas grandes mídias, vem à tona com a delicadeza que o assunto merece e num arroubo de saudade, pois o personagem narrador do livro expressa sua surpresa ao mesmo tempo em que tenta entender o ato praticado por sua doce e especial amiga. Eis uma dúvida que consome muitas pessoas, ou seja, saber a causa que levou a pessoa amada a cometer um ato tão equivocado. Alguns deixam cartas, bilhetes, mandam mensagem pelos modernos meios de comunicação, mas muitos, a grande maioria, nada explica. Simplesmente deixa este mundo e parte para um espaço desconhecido. Alguns creem que, após a morte, há o nada, mas esses já são inexpressiva minoria nos dias em que vivemos. A maioria crê que existe algo além da morte e que sair desta vida pelo suicídio haverá de trazer consequências no mínimo indesejadas para aquele que, numa hipótese que já passou de remota e caminha firme para a concretude, "acorda" e se descobre vivo... O amor do personagem principal por esta amiga, e dela por ele, é algo comovente. E como estamos falando da Maior Força do Universo, não podemos deixar de acrescentar que este sentimento nos envolve em família e adocica as relações no lar. O protagonista é assim: um ser que ama intensamente os seus e que aprende a amar fora do círculo familiar, apaixonando-se, casando-se e formando uma nova família. Isso que pode parecer tão comum aos olhos do leitor, infelizmente não é mais. No século XXI, o individualismo bate forte nas estatísticas dos que optam por viverem só. O amor ainda não fez com que essas pessoas descobrissem o "outro" e saíssem de uma ilha de isolamento social, partindo para a grande aventura de conviver. Sim, conviver! Este é o convite que este livro nos faz, quando nos lembra dos valores familiares, relatando em pormenores as dificuldades enfrentadas entre o protagonista e sua mãe. Um brado à vida! Eis a tônica deste livro que fala de uma pessoa que poderia ser um de nós, com seus dramas íntimos, com suas lutas no lar... E nos alerta da importância desta maravilhosa experiência que é viver, trazendo-nos esses valores tão em falta neste mundo atual em que vivemos, onde o consumismo desenfreado nos joga nos braços da frieza. Vivamos a Vida intensamente! Eis o convite que nos faz o autor. Boa leitura, meu caro leitor!

Hélio Ribeiro Loureiro
Advogado e Presidente do
Grupo de Apoio ao Menor (GAM)

GAM
Grupo de Apoio ao menor "Casa de Batuíra"
gam.casadebatuira@gmail.com
Rua Otacílio Colares, nº 15
São Gonçalo – RJ
Telefone: (21)2724-2226

Prólogo

São 6h30 e o despertador do meu telefone celular toca desesperadamente, anunciando mais um dia. Estou tão cansado, que fica aquela dúvida se desligo o telefone ou se me levanto para mais uma jornada de trabalho. Preferi a segunda opção, apesar da preguiça...

Sei que o certo, ao acordar, seria agradecer por mais um dia, pela noite de sono, pela família e pelos amigos, pelo emprego (tão raro nos dias de hoje) e pelas oportunidades de aprendizado que sempre acontecem, mas que ainda tenho dificuldade de percebê-las. Entretanto, há alguns dias em que me parece tão difícil fazer isso, quando me sinto culpado pela minha fraqueza diante das lutas diárias. Mesmo assim, devo perseverar e continuar firme no meu propósito de viver!

Todo dia é a mesma rotina, e isso esmaga o meu coração, mas essa é a vida que escolhi, o que fazer? Posso tentar alçar um novo voo e arriscar-me nessa aventura ou viver dentro de uma gaiola, com toda a segurança com que os meus medos me acorrentam para não tentar escapar. Até aonde desejo ir com as minhas escolhas? Risco ou zona de conforto, o que busco para a minha vida?

Fiódor Dostoiévski (1821-1881) escreveu o seguinte na obra *Os Irmãos Karamazov*:

"Somos assim: sonhamos o voo, mas tememos a altura. Para voar, é preciso ter coragem para enfrentar o terror do vazio. Porque é só no vazio que o voo acontece. O vazio é o espaço da liberdade, a ausência de certezas. Mas é isso o que tememos: o não ter certezas. Por isso, trocamos o voo por gaiolas. As gaiolas são o lugar onde as certezas moram."

Acomodação ou resignação, qual é a palavra correta? A primeira passa a imagem de alguém sem objetivo na vida, preguiçoso, passivo dos acontecimentos, que conta os segundos no relógio até chegar a hora de comer e dormir. A segunda já passa a imagem de uma pessoa altruísta, que consegue enfrentar as dificuldades da vida sem reclamar, que tem paciência, ajustando a vela conforme o vento e dançando no ritmo da música. Uma pessoa ciente de que, entre o plantar e o colher, existe o regar e o esperar, pois todas as coisas, sempre e inevitavelmente, acontecem no tempo certo, mesmo que não saibamos quando é. Qual será a linha tênue que separa esses dois conceitos?

O escritor alemão Johann Wolfgang von Goethe disse: *"há que resignar-se a esse tipo de coisa como o caminhante que tem de subir a montanha; claro que, se a montanha não estivesse ali, o caminho resultaria mais cômodo e mais curto, mas ela está ali e nós temos de subi-la."*

Definitivamente, nossa vida não é uma linha reta, mas, afinal de contas, qual é o caminho que devo seguir, o que me movimenta, o que faz sentido para mim?

Eu olho para várias pessoas ao meu lado e me sinto agoniado. Parece um mundo de gente sem rumo, de pessoas vazias de objetivo, o papo que escuto uma vez por outra não me acrescenta nada. Sou eu o estranho, ou quem me cerca? Vejo até pessoas boas ao meu redor, mas que fazem do seu dia apenas a repetição sem graça dos dias anteriores, sem nenhum projeto ou busca de algo maior que realmente faça sentido. Estão sempre à espera do fim de semana e, quando termina, acham que foi curto demais para recomeçar a rotina. Ou, então, é uma busca desenfreada por dinheiro, poder, *status* e reconhecimento, uma verdadeira adoração ao ego, aquele que tem a necessidade de estar sempre certo, de ser reconhecido e de receber os "devidos" aplausos. Devo procurar um terapeuta ou basta chamar os amigos para tomar uma cerveja no bar, falar meia dúzia de besteiras e chegar a casa como se fosse a pessoa mais feliz do mundo até o dia de amanhã?

Aliás, nessas conversas de bar, depois do trabalho com os colegas de empresa ou no fim de semana com alguns amigos, existe uma dicotomia de "EUs"dentro de mim, que nunca sabe o caminho a seguir e qual fará com que me sinta melhor na decisão a tomar. Parafraseando Shakespeare, afinal de contas, eu sou ou não sou? Ou melhor, o que eu sou? Qual é a resposta para essa questão? Você saberia me dizer?

    Tenho um lado egoísta que detesta conversas frívolas, de homens contando vantagens de suas conquistas e *performances*, mulheres falando de compras ou futilidades de beleza exterior e pseudossábios, donos da razão que sempre têm uma explicação pra tudo e uma história melhor que a sua, entre tantos outros assuntos que não me dizem absolutamente nada. Isso me irrita de tal maneira que, muitas vezes, mesmo rodeado de várias pessoas, estou num universo completamente solitário, sou o esquisito (nada a ver com o exquisito da língua espanhola), o antissocial.

    Entretanto, tenho um outro lado que busca o convívio e "ainda" acredita nas pessoas, pois, isolado, não aprenderei, não compartilharei e não chegarei a lugar algum. Isso muitas vezes me força a estar junto, a fazer parte de alguma coisa, mas, no final do dia, pergunto-me: "Parte de quê?".

Qual "eu" deve dominar ou predominar, o que se isola em seu universo solitário ou aquele que deseja a socialização, mas que a faz de forma artificial? Será que sou diferente, ou todo mundo tem um pouco disso dentro de si?

Também não consigo entender essas explosões de felicidade que muitas pessoas demonstram nas festas de Carnaval, Ano Novo ou em alguma outra data festiva qualquer. Será que existe um botão que liga e desliga o dia a dia para criar uma felicidade compulsiva e de curta duração? Confesso até que chego a sentir alguma inveja leve dessas pessoas, mas será isso verdade ou alguma felicidade aparente de uma necessidade de exteriorização para os outros? Talvez uma demonstração de superioridade ou algo assim... O fato é que sempre desejei ter algum momento de autossatisfação, mas nunca consegui entender por que é tão difícil consegui-lo e como faço para tal.

Sempre achei que sabia tudo da minha vida, que conhecia perfeitamente os meus passos, cada pedaço dessa estrada, e que chegaria aonde quisesse e bem entendesse, não tendo ninguém nem nada a ver com isso. Eu tinha todas as respostas, mas quais eram mesmo as perguntas? Ledo engano perceber que avanço sem parar, mas sem clareza do meu destino. Já escrevi uma vez: tenho uma leve impressão de que estou no caminho certo, mas uma imensa agonia de não saber aonde ele me levará.

Em diferentes épocas da minha existência, achei que a vida ainda me reservaria tantas coisas e, como bom curioso e sonhador, ficava imaginando quais seriam. Por isso, acabei apostando que viver é sempre o melhor caminho, não me arrependo ... mesmo tendo passado por algumas dores, aliás, tudo passa.

Enfim, apesar da turbulência que essas dúvidas me trazem, acho mais saudável sentir-me incomodado do que acomodado, pois assim estou vivo e percebo a riqueza com que as minhas decisões podem afetar a minha caminhada. O mundo está aí, esperando o momento certo de cada um de nós, as oportunidades virão e temos que estar preparados para fazer as nossas escolhas, sejam quais forem, bem como lidar com o resultado delas.

As pessoas vivem inventando desculpas para o não fazer: é a falta de tempo, o excesso de trabalho, a família, o convívio social, entre outras coisas. São robôs repetindo, dia a dia, as suas rotinas, sem parar um segundo sequer para pensar na razão de estarmos aqui e o que deveríamos fazer em nossa vida para nos tornarmos pessoas melhores e mais conectadas com o mundo em que habitamos. Precisamos entender o que nos motiva e nos movimenta, para nos sintonizarmos com a razão que traçamos para a nossa vida, a fim de nos fortalecermos para as tarefas do dia a dia, em busca de alcançarmos os nossos objetivos.

Não conseguiremos dar o primeiro passo enquanto não fizermos a nossa jornada individual do autoconhecimento. Temos que explorar a fundo as nossas forças e fraquezas, a fim de conhecermos o nosso verdadeiro eu, e aí sim, trabalhando a cada dia para o nosso aperfeiçoamento intelectual e moral, seguiremos o melhor rumo para a nossa caminhada. Todos temos um lado sombra, onde habitam os nossos defeitos e vícios, e onde exatamente residem as oportunidades de melhoria. Ao contrário de esconder esse lado, devemos tentar entendê-lo, trazê-lo para a razão e, com muita vontade e esforço diário, interiorizar e realizar as mudanças necessárias dentro do nosso coração. Só assim, com determinação, iremos progredir.

Perguntas poderosas devem ser feitas numa análise séria, e as respostas devem ser compreendidas, para que possamos iniciar a nossa mudança interior. Não se aflija e tenha paciência, pois mudança requer vontade, trabalho diário, perseverança e tempo para colher os resultados.

O que tenho e quero manter?

O que tenho e quero eliminar?

O que desejo melhorar?

O que não tenho e quero evitar?

Que novo valor quero trazer para a minha vida?

Acho que fazer perguntas é sempre muito importante, pois é a única forma de buscar as respostas e, enquanto estamos nesse processo, agimos, investigamos, tentamos, aprendemos, ensinamos, acertamos e erramos, mas não paramos nunca, num movimento constante de evolução que envolve estudo, esforço, trabalho, disciplina e paciência. Trace metas de curto, médio e longo prazo para a sua vida, mas sempre trabalhe com algo que seja factível e desafiador, assim como fazem as empresas. Incorpore a meritocracia em sua vida e tenha méritos de colher o que você merece.

Cada um de nós tem um caminho, está num ponto distinto dessa estrada e deixa as pegadas de uma maneira muito individual. Daí a grande razão de não podermos prejulgar qualquer pessoa, pois só temos uma pequena visão dos fatos, não devemos apontar caminhos, porque a minha verdade pode diferir da sua, temos que ser compreensivos com os defeitos e as dificuldades dos outros e sempre estar dispostos a perdoar. Só tendo esse tipo de comportamento, podemos esperar que os outros tenham o mesmo em relação a nós, mas também sem cobrá-los caso não ajam dessa forma.

Até sei do que preciso na teoria, mas como consigo colocar isso em prática? Como consigo mover a minha roda da vida?

Capítulo 1

Minha infância

Tive uma infância tranquila e sem grandes fatos marcantes. Era de uma família de classe média com quatro filhos e vivi com meus pais até os dez anos de idade. Não havia excessos, mas sempre fazíamos uma viagem pelo Brasil nas férias escolares, seja para as cidades mineiras ou para alguma cidade de praia no nordeste. Eu gostava sempre quando o passeio era para a praia, pois me acabava de tanto brincar nas ondas do mar, onde tinha uma sensação de grande liberdade e bem-estar.

Já de Minas Gerais, a minha memória afetiva era com a comida: pão de queijo, feijão tropeiro, linguiça mineira, o leite tirado da vaca, café da tarde com bolo de milho e todos aqueles doces caseiros maravilhosos. Só de lembrar, já sinto o cheiro e começo a aguar!

Sou o filho caçula e fui meio bajulado por meus irmãos quando era pequeno, mas nunca fui o filho preferido, o queridinho da família. Ao contrário, por algum motivo que não sei explicar, nunca tive muita afinidade com minha mãe e me sentia até desconfortável quando estava perto dela. Outra coisa que me incomodava era o fato de que, sempre que havia alguma dúvida sobre qualquer situação, minha mãe suspeitava de mim em primeiro lugar. Era visível a falta de confiança dela, e essa sensação me trazia muita insegurança, afetando sensivelmente a minha autoestima, prejudicando-me no desempenho escolar e trazendo até um princípio de gagueira, que depois foi superada com tratamento numa fonoaudióloga.

Minha mãe tinha uns traços finos e delicados, era definitivamente uma mulher bonita, mas trazia uma tristeza no olhar, uma carência de quem sempre buscava nos outros um motivo para apoiar sua felicidade ou para justificar algum fracasso, projetando todas as suas expectativas. Por isso, quando se apegava a alguém, desejava ardentemente que essa pessoa fosse o espelho de seus sentimentos e, logicamente, a decepção nos relacionamentos era uma constante em sua vida. Ficava a lastimar o insucesso de suas amizades, como se a culpa residisse sempre no outro, e tinha uma atração meio afetada por remédios tranquilizantes, fazendo-se de vítima da incompreensão alheia.

Por outro lado, era muito orgulhosa de tudo o que conquistara e das dificuldades que superara na infância, não permitindo qualquer margem de erro ou fraqueza por parte dos filhos, focando principalmente em mim, não sei o porquê.

Uma de minhas lembranças que trago com mais clareza desse período, foi o dia em que eu e outro colega de classe fomos colocados para fora da sala, e minha mãe foi chamada pela Direção da escola, pois tivemos uma briga muito feia, partindo para as vias de fato. Até hoje, recordo-me da frustração estampada no rosto dela, pedindo mil desculpas à diretora e, mesmo ao chegar a casa, não ouvindo qualquer palavra minha.

– *Você só me faz passar vexame, envergonhando-me na frente de todo mundo, onde está a sua dignidade?*, dizia ela entre uma chinelada e outra e, quando tentava balbuciar algo para me defender, já meio sem forças, era prontamente cortado sem qualquer chance de explicação, que seria a de que o motivo da briga foi para defender a sua honra, colocada em dúvida pelo meu colega de classe.

Ah, mãe, por que você falava assim comigo? O que realmente havia entre a gente que eu não conseguia compreender e me angustiava? Eu só queria me sentir acolhido, ter a quem recorrer, sentir-me seu filho!

Apesar dos laços afetivos que deveriam existir entre nós, era como se, muitas vezes, fôssemos mais adversários do que amigos. Por outro lado, meu pai era muito amoroso e me acolhia quando eu precisava. Ele fazia muitas das minhas vontades, e isso a deixava visivelmente irritada.

Já quanto aos meus irmãos, de quem eu mais gostava era a Débora, pois ela era sete anos mais velha do que eu e tinha um coração tão maternal, que supria toda a minha carência afetiva. Ela era a minha confidente e sempre vinha ao meu encontro quando estava triste. Lembro-me até hoje do dia em que o meu cachorro fugiu de casa, sendo atropelado logo na esquina, e a Débora ficou ao meu lado, amparando-me até o dia em que ele se recuperou completamente. O tempo correu bem devagar, os dias pareceram anos, e ela ali, sempre comigo, acalmando-me: *Calma, quando você menos esperar, ele estará latindo tão alto que a vizinhança toda irá escutar e reclamar.*

Também me ajudava muito nos deveres da escola, tirando minhas dúvidas, e tinha uma didática fora de série. Muitas vezes, as lições ainda não estavam claras para mim, mas bastava ela sentar-se ao meu lado para me explicar e, como um passe de mágica, tudo ficava completamente compreendido.

Paciência era uma de suas principais virtudes, pois o mundo podia estar caindo, o clima em casa às vezes não era dos melhores, mas ela esperava, dizia que as coisas sempre chegavam na hora certa. Por outro lado, percebia que ela não tinha muitos amigos, pois era meio tímida e, consequentemente, era comum vê-la sozinha, envolvida nos livros que gostava de ler e com o semblante de uma sonhadora, olhando para o infinito e sabe-se lá pensando em quê.

Lembro-me dela com muito carinho e saudade até hoje!

Minha vida, então, não era um poço de felicidade, mas caminhava com seus altos e baixos, como imagino que deva ser com todas as crianças. Entretanto, aos dez anos de idade, um acontecimento mudou drasticamente as coisas lá em casa, pois meus pais se separaram e passei a morar com minha mãe e meus três irmãos, vendo o meu pai somente a cada quinze dias, quando passava o fim de semana na casa dele.

Um dia, pouco antes de dormir, escutei uma conversa bem acalorada entre meus pais e, naquele momento, pude perceber que as coisas não iam nada bem. Durante um bate boca longo com queixas de ambos os lados, ouvi claramente quando minha mãe disse:

- *Eu sempre me dediquei a você completamente, cedi várias vezes, perdi diversas oportunidades de trabalho, deixei de sair com algumas amigas para lhe fazer as vontades, tive quatro filhos seus, inclusive o mais novo...*

A partir daquele momento, não consegui prestar atenção em mais nada, pois nunca me senti tão excluído como ao ouvir esse "inclusive", que ecoou durante anos dentro de mim. Afinal, por que eu causava tanto desconforto a ela? Como alguém consegue ser feliz quando não se sente amado?

Minha mãe sofreu bastante com a separação, também pudera, casaram-se ainda muito jovens, viveram vinte e dois anos juntos, e ela, que de nada desconfiava, descobriu que ele tinha um caso com outro homem havia pelo menos dez anos, ou seja, já nasci nessa atmosfera conturbada do matrimônio e da traição. Sou fruto do fim do amor entre meus pais e da descoberta homoafetiva dele.

Foi estranho ver que, no meio daquele sofrimento todo, o filho que minha mãe mais fez questão de morar com ela foi justamente eu. Na época, não soube identificar se era por alguma afeição ou por uma necessidade de manter o controle sobre mim. Aliás, nunca tive essa resposta, apesar de a nossa relação ter melhorado muito no decorrer dos anos e das experiências pelas quais passamos.

Quando meu pai saiu de casa, as cobranças de minha mãe para comigo aumentaram muito, e havia momentos em que eu tinha até uns pensamentos mesquinhos, desejando que ela deixasse de fazer parte de minha vida. Nessas horas, sempre recorria à Debora, que tinha uma palavra carinhosa e de compreensão. *"Calma, meu caçulinha, você deve entender o momento difícil pelo qual nossa mãe está passando, e ela tem dificuldades em demonstrar verdadeiramente o que sente, sempre sendo muito rígida e dura com a gente. O tempo será a melhor resposta para todos nós, pois eu percebo que ela espera muito de você."*

Eu retrucava, dizendo que uma mãe não poderia tratar assim um filho, que nunca havia feito nada pra justificar esse comportamento, e ela me dizia: *"Ou tem a esperança de entender a nossa mãe, ou não tem. Mas, enquanto você não caminhar com os pés dela e sentir como as suas pegadas fincam no chão, não poderá nunca entendê-la nem julgá-la.".*

Ainda era muito novo para compreender o que exatamente a Débora queria dizer, mas, de certa forma, suas palavras me traziam algum alento e acalmavam a minha revolta interior.

Logicamente que a relação turbulenta com a minha mãe me deixava muito mal e, como resultado, tomei a decisão de tentar ser o melhor em tudo o que fizesse, para que nunca alguém pudesse me julgar ou recriminar. Recuperei todo o tempo perdido na escola e me dediquei completamente aos livros, tendo resultado quase que imediato nas notas, no respeito dos professores e na inveja de alguns colegas de classe. Dizem que não importa o que nos acontece, e sim como reagimos aos acontecimentos, assim fui adiante.

Infelizmente, não consegui chegar ao equilíbrio entre a dedicação escolar e a amizade dos meus colegas, afastando-me da maioria deles. Esse isolamento fazia crescer a minha vaidade com as notas e o meu egoísmo em relação a tudo; eu me sentia superior e imune à opinião de todos, mas, lá no fundo do meu coração, nos momentos de solidão no meu quarto, sentia-me triste, muito triste!

Quanto melhores eram as minhas notas, mais eu estudava e, assim, pedi à minha mãe para pagar um curso de inglês, pois tinha sonhos de, no futuro, viajar para outro país e livrar-me de todo o passado, levando comigo somente a minha irmã Débora.

Minha mãe não se opôs ao curso, apesar de a situação financeira estar um pouco mais apertada, porque gostava de ver que eu estava bem na escola e, assim, tinha menos um problema a cuidar, além de eu ficar mais tempo longe de casa e dela!

Nos fins de semana que passava com meu pai, sempre fazíamos um passeio bacana, indo à praia ou ao cinema, frequentemente seguido de algum restaurante bem legal. Era a chance que eu tinha de experimentar alguma comida mais gostosa, algo que curtia demais.

O namorado do meu pai era uma pessoa bem-sucedida, um empresário do ramo de construção, e parecia ganhar muito dinheiro, pois andava sempre muito bem-

-vestido e perfumado. Apesar de ele ser simpático comigo, tentando invariavelmente me agradar, eu me sentia desconfortável com a situação e não conseguia encará-lo nos olhos.

Não sei bem ao certo como meu pai o conheceu, pois era professor universitário na Faculdade de Letras e não tinha nada a ver com o negócio de construção civil. Ouvi falar que foi num museu de arte contemporânea, numa exposição trazida da Europa, que eles se viram pela primeira vez, mas nunca quis me aprofundar nessa história.

Aliás, durante muito tempo, achei esse tipo de comportamento do meu pai uma grande fraqueza e, mentalmente, julgava-o com frequência, inclusive culpando-o por ter me deixado em casa com a minha mãe. Hoje, já tenho uma visão diferente e procuro compreender as razões que o levaram a ter esse caso extraconjugal, seja qual fosse a orientação sexual dele.

Capítulo 2

A ADOLESCÊNCIA

CHEGAVA À PUBERDADE E, COMO QUALQUER ADOlescente normal, parecia que o mundo todo estava contra mim. Já começava que eu não gostava da minha aparência, um magricela de cabelo crespo e algumas poucas espinhas, além de ser um *nerd* que só pensava em se destacar na escola.

Em casa, tudo continuava na mesma, Débora estava na Faculdade de Arquitetura e meus outros dois irmãos passaram em concurso público, um para o Tribunal de Justiça e outro para o Banco do Brasil. Assim, bem ou mal, os filhos iam se encaminhando, o que deixava minha mãe mais tranquila e com um peso menor nas costas. Em razão disso, mesmo que a nossa relação não fosse nenhuma maravilha, cada um seguia o seu caminho sem importunar o outro. A única coisa que me incomodava era quando a pegava com o olhar imóvel, fixo no infinito, com uma tristeza congelante de quem não consegue mais perceber a beleza nas mínimas coisas. Ela não havia conseguido se recuperar da decepção do relacionamento com meu pai, tornando-se uma pessoa amargurada e, consequentemente, não atraindo a atenção de outros homens, isolando-se cada vez mais em seu mundo. Sentia uma forte compaixão e, nesses momentos, até me aproximava mais dela, percebendo uma certa retribuição em forma de agradecimento no seu olhar.

Os fins de semana que passava com meu pai e o namorado dele eram sempre de passeios e restaurantes, mas nada que aprofundasse demais a nossa relação. Eu tinha mais carinho do que respeito pelo meu pai e sentia nele um amor muito grande por mim, mas também uma insegurança em não conseguir me conquistar com a figura paterna que ele gostaria de ser.

A verdade é que não consegui criar em mim nenhum ideal de ser humano que servisse de guia e condução para a minha vida, com valores que fossem respeitados por todos. O meu universo começava e terminava em mim, mesmo sabendo que isso me deixaria muito limitado em todo o egoísmo surreal de quem se fecha no seu próprio casulo.

Sentia prazeres fugazes como jogar futebol com alguns colegas de escola, mas não era muito bom de bola, só dando pro gasto. Mesmo assim, estava sempre presente às terças-feiras no final da tarde, quando a gente jogava por aproximadamente uma hora. Também gostava muito de ir à praia quando fazia calor e o céu estava azul, pois sempre me senti muito bem vendo o mar, cuja imensidão, brisa suave e um misto de solidão e liberdade tomavam conta de mim. Aliás, esses dois sentimentos estiveram muito presentes em minha vida, pois sempre valorizei muito a minha liberdade e, talvez em razão disso, tive muita dificuldade de me relacionar com as pessoas, posto que não queria criar qualquer dependência que viesse a tolher essa sensação de ser livre. Como preço dessa vontade de liberdade, em vários momentos de minha vida me senti muito só, mas não dava o braço a torcer na adolescência.

Outra coisa que me agradava muito era ir ao cinema para ver um filme de ficção ou suspense, seguido de uma *banana-split* numa lanchonete perto de casa. Num sábado qualquer, no auge dos meus dezessete anos, vi uma moreninha linda nessa lanchonete e comecei a reparar que ela frequentava o lugar tanto quanto eu. Depois de uma dezena de vezes, apesar de toda a minha timidez e o pessimismo de achar que ela nunca olharia para um cara como eu, enchi-me de coragem e fui falar com ela.

Para minha surpresa, ela foi bastante receptiva, e ficamos conversando por horas; o tempo parecia não passar de tão agradável que era a companhia dela. Vi que tínhamos vários assuntos em comum e gostávamos das mesmas coisas. Até quando nossas opiniões divergiam, as conversas se desenvolviam de uma forma muito harmoniosa, e eu ficava encantado em todos os aspectos. Além disso, o jeitinho feminino que tinha na forma de falar, em cada gesto, e até de tocar o meu braço quando não concordava com algo, deixava-me cada vez mais fascinado. Imagino que se alguém nos observasse teria a impressão de que eu estava completamente hipnotizado por aquele olhar.

Os nossos encontros foram ficando cada vez mais regulares, e o que facilitava bastante para combinarmos os programas era o fato de que ela não morava muito longe de mim. Até que num dia de setembro, bem no início da primavera, fizemos um passeio pelo aterro do Flamengo, sentamo-nos em frente à Baía de Guanabara, lá perto do MAM e, pela primeira vez, nos beijamos. Mesmo depois de tantos anos, ainda consigo me lembrar exatamente da mágica desse momento, do gosto de sua boca, num misto de sensualidade e pureza que tomava conta de cada pedaço de nosso corpo. Era uma aflição interminável de não querer me desgrudar e uma saudade agoniante em plena companhia dela. Eu queria simplesmente congelar aquela cena e torná-la eterna em minha breve vida.

É incrível como percebemos mais as coisas e a beleza de cada detalhe quando nos sentimos apaixonados por alguém. Parece que todos os nossos sentidos ficam mais aguçados e que a luz do ambiente tem uma energia diferente, que contagia e nos leva a desejar cada instante. Talvez aquele fim de tarde com uma mistura de laranja e púrpura no céu, com as árvores floridas e os barcos passando pela baía, seja a paisagem mais bucólica que marcou aquela época da minha vida, ainda povoada pela inocência pueril dos que se amam.

Hoje percebo o quanto fui feliz e como esse namoro me fez bem, pois a convivência com a Luíza me fez acordar para a realidade da vida, ela me ajudou muito a enxergar os problemas que me afligiam e como eu reagia perante as pessoas e qualquer dificuldade que surgia. Deixei de ser a pessoa reativa, vítima da sociedade, filho de uma vida ingrata, o não a todo sim que me propunham, para ser alguém que enxergava com olhos de criança, que via esperança em cada gesto, em cada ação, em cada olhar.

Eu sentia tanto prazer em estar na presença da Luiza, que tudo ao meu redor parecia mais harmonioso. Passei a ser um cara mais social, fazendo amizade com os amigos dela e, muitas vezes, saindo para programas em grupo, até mesmo com algumas viagens para a Região dos Lagos. Isso me tornou mais leve e pude descobrir uma pessoa legal dentro de mim, refletindo até nas minhas relações dentro de casa e também com os meus colegas de escola.

Começava a me preparar para o vestibular em Comunicação, pois tinha vontade de trabalhar com *marke-*

ting em alguma agência de publicidade. Mesmo não sendo uma pessoa das mais comunicativas, eu era muito criativo e adorava ver os anúncios da TV e escutar as músicas (*jingles*) que se adequavam perfeitamente à função de transmitir uma mensagem com trinta segundos ou menos de duração. Até comecei a fazer aula particular de piano, pois havia ganhado um teclado de meu pai e curtia aprender harmonia e percepção rítmica, a fim de criar minhas próprias ideias de *jingles*.

Enfim, minha vida passava a ter um turbilhão de coisas ao mesmo tempo e, por incrível que pareça, eu conseguia dar conta de tudo sem grandes dificuldades, pois a alegria do meu relacionamento com a Luíza servia de combustível para todas as minhas atividades. Eram o colégio, as aulas de piano, de inglês, o futebol às terças-feiras e, logicamente, os dias em que namorávamos.

Luíza estava uma série abaixo da minha e só faria o vestibular um ano mais tarde. Ela pensava em ser advogada, seguindo a carreira do pai. Queria fazer um concurso futuramente para defensora pública, e eu tinha certeza do sucesso dela, já que era muito perseverante, disciplinada e solícita com as pessoas. Ela parecia talhada para a profissão que iria escolher.

Chegava janeiro, quando havia completado meus dezoito anos, e meu grande presente foi ter passado no vestibular para Comunicação. Foi a primeira grande vitória de minha futura vida profissional, o que me deixou muito feliz, afinal, havia conquistado exatamente o que planejara.

A Luíza ficou muito orgulhosa, e nosso namoro estava cada vez mais firme. Era maravilhoso tê-la ao meu lado, sempre me apoiando, aconselhando-me e tendo toda a paciência do mundo para entender as minhas dúvidas e fraquezas. Ela era realmente uma pessoa especial, muito melhor resolvida do que eu e várias pessoas da nossa idade.

Meus pais também ficaram muito satisfeitos, e para minha mãe era como se tivesse se livrado de um peso, de uma obrigação maternal de garantir que cada filho seguisse a sua vida em busca de uma futura profissão. A nossa relação era cada vez mais cordial, porém sempre superficial. Não brigávamos mais com tanta frequência, mas poucas vezes tínhamos momentos de intimidade familiar, o que me trazia um misto de tristeza e alívio. Éramos quase estranhos debaixo do mesmo teto.

Todo esse isolamento em casa era compensado pelo carinho e pelas conversas que tinha com a minha irmã, só que nos encontrávamos cada vez menos, já que os seus projetos na Faculdade de Arquitetura ocupavam cada vez mais tempo, e ela tinha ficado noiva recentemente, começando o planejamento para casar no ano seguinte, após três anos de namoro.

Mesmo assim, nas poucas vezes em que estávamos juntos, percebia como minha irmã se apresentava radiante e ficava muito feliz por ela, que fazia planos profissionais e de constituir uma família, pensando em ter uma lua de mel inesquecível em Paris, visto que ela nunca havia viajado para o exterior.

Eu ficava impressionado como os olhos da Débora brilhavam quando estava na presença do seu noivo e o carinho com que eles se tratavam. Pareciam aquele tipo de casal perfeito, que vai cuidar muito bem dos filhos, criar uma bela estrutura familiar e envelhecer junto, andando de mãos dadas, bem velhinhos, no calçadão da praia.

Lembro-me até hoje, com muitas saudade, de quando eu e Luíza fomos passear com minha irmã e seu noivo, alugando umas bicicletas na Lagoa e, depois, seguindo para uma visita ao Jardim Botânico, onde escutávamos todos os planos que ela fazia para a sua vida futura e todas as ideias sobre a reurbanização do Rio de Janeiro, tecendo vários comentários sobre locais legais de intervenção e como seria possível melhorar a mobilidade urbana na cidade.

A Débora era uma pessoa maravilhosa, que vivia ativamente os seus sonhos e planejava em detalhes a sua vida, contagiando a todos nós com aquela alegria e otimismo de quem vê os acontecimentos só pelo ângulo do bem, sem nunca reclamar de nada. Era um verdadeiro exemplo para mim. Como eu sentia prazer em ficar ao seu lado...

Capítulo 3

O INESPERADO

A VIDA CORRIA DE FORMA LEVE, E EU CURTIA AS NOvidades na Universidade, os novos professores e colegas, a nova rotina e as atividades extraclasse. O namoro com a Luíza continuava de vento em popa, mas só nos finais de semana, e pouco tempo me sobrava para maiores reflexões. Assim, sentia-me bem com o momento em que estava passando e me considerava um privilegiado por tanta alegria.

Ainda me recordo em detalhes do dia em que o sol se pôs mais cedo lá em casa, trazendo uma noite longa e fria. Eram quinze horas de uma tarde comum de outono no Rio de Janeiro, com uma brisa temperada que amenizava o calor, e eu acabava de retornar da Faculdade de Comunicação, quando encontrei minha mãe estirada no chão do seu quarto, com as roupas em total desalinho, cabelo todo emaranhado, numa posição contorcida e debulhando-se em lágrimas. O abajur do criado-mudo, com a luz fraca e trêmula, refletia exatamente a penumbra fria daquele ambiente pesado.

Acho que, pela primeira vez em minha vida, senti uma compaixão inimaginável de minha mãe ao ver aquela cena deprimente e, quando me aproximei sem saber exatamente o que acontecia, fui atirado contra a parede num vácuo de emoções e pensamentos, sem entender precisamente as palavras que eram balbuciadas de sua boca. Só escutava um grito de desespero quase inaudível, que perguntava: *"Por que Débora? Por quê?"*.

Mesmo sem ainda ter certeza dos fatos, o meu coração gelou e uma agonia infindável tomou conta do meu ser, fazendo o meu corpo estremecer em delírios convulsivos. Ainda gaguejando e sem querer saber a resposta, perguntei vacilante: *"O que houve, mãe?"*.

Acho que nunca havia falado a palavra mãe no sentido mais maternal que ela pode ter, buscando abrigo e conforto para o que já sentia em meu íntimo, quando ela, quase sem forças e arrancando o pouco de voz que lhe restava no peito, contou-me que a minha irmã querida havia tomado uma dose excessiva de remédios antidepressivos, não resistindo ao pernicioso resultado de seu ato.

Era algo que nunca poderia ter passado na minha

cabeça, a pessoa que eu sempre amei demais, o meu referencial de vida, minha amiga e confidente, a minha Débora havia cometido um ato de desespero e, sem mais nem menos, desapareceria para sempre no azul da solidão.

Num ato impensado, tentei saber os motivos, como se eu pudesse fazer o tempo voltar atrás ou encontrar algo que justificasse a sua atitude. Eu só queria ter tido a oportunidade de falar com a Débora antes da tragédia final, mas ela foi silenciosa e introspectiva no seu derradeiro momento.

Eu olhava para aquele corpo inerte na cama e não conseguia parar de chorar, a expressão do rosto era de muita tristeza, eu queria ter o poder de resgatá-la e trazê-la de volta à vida, mas a minha impotência era total, era um vazio na cabeça que não organizava nada que fizesse sentido. Não sabia o que fazer, havia perdido completamente o chão.

Foi aí que minha mãe, ainda com muita dificuldade para falar, abriu um papel e me entregou o seu último bilhete, as últimas palavras elaboradas por Débora para tentar nos convencer desse ato de negação à vida e ao amor. Meu Deus, que insensatez!

Foram essas as palavras da minha irmãzinha adorada:

"Mãe, pai, irmãos e, principalmente, o meu caçulinha muito amado,

Estou triste, muito triste e sem forças para encará-los. Eu que sempre acreditei no amor e vivi cada momento de minha vida tentando construir algo de bom, dedicando-me sempre com muito carinho e devoção a todos e a tudo em que me envolvia, acabo de receber uma notícia que traz um vazio, uma facada no peito, que me sufoca e dilacera as minhas forças para continuar adiante.

Meu noivo era o meu porto seguro para uma nova etapa na vida, ele sofreu um acidente terrível de carro, ficando totalmente esmagado debaixo de um caminhão e irreconhecível. Não conseguia acreditar como, em apenas um segundo, todo o filme de nossa vida podia mudar dessa forma, alterando planos, sonhos e realizações.

Tentei recuperar os sentidos quando soube da notícia e, ao não conseguir encarar os fatos com a devida coragem, vim para casa muito desorientada, e estou completamente desesperada. Que desgraça! Por que tinha que acontecer comigo? O que fiz para merecer isso? Vivia o meu momento mais feliz, por que me abandonaste? Por quê? Por que eu?

Não posso me separar dele e tenho que encontrá-lo de qualquer forma, pois ele é a razão da minha vida e não quero deixá-lo sozinho nesse momento tão angustiante. Dentro de minha cabeça atordoada, comecei a escutar algumas vozes que me estimulavam a acompanhá-lo e, assim, para que pudesse me acalmar e ajudá-lo seja onde for, decidi tomar alguns remédios, deixando na mão de Deus o meu destino.

Não quero que fiquem tristes por mim, mas apesar de não ter a certeza de para onde vou, tomei a decisão que achei mais acertada no momento.

Rezem por mim e sempre os amarei onde for que estiver.

Débora."

Li e reli cada palavra uma dezena de vezes, a caligrafia era tremida e encharcada de desespero, apesar de a mensagem ter sido premeditada e pensada cuidadosamente. Parei instante a instante para refletir, mas não conseguia formar qualquer ideia que me fizesse acreditar no que havia acontecido. Entendi, naquele momento, a verdadeira tradução da dor, do que é ser triste, e nada mais me importava, os pensamentos vinham e partiam sem qualquer ordem, apenas um turbilhão desconexo do inexplicável.

Parece que, após Romeu e Julieta, passou a existir inconscientemente um certo "glamour" Shakespeariano de suicidar-se por amor, como se fosse realmente uma grande prova. Isso também aconteceu com vários jovens sentimentais após lerem *Os sofrimentos do jovem Werther*, de Johann Wolfgang von Goethe, que fala de uma paixão devastadora e mortal, como justamente no trecho a seguir:

"*O que é o homem, esse semideus louvado! Não lhe faltam as forças precisamente no momento em que mais precisa delas? E quando ele toma voo na ventura, ou afunda na tristeza, não será ainda aí limitado à força e sempre reconduzido ao sentimento de si próprio, ao triste sentimento da sua pequenez, justo quando contava perder-se na imensidão do infinito?*"

São gestos impulsivos cometidos de forma impensada, sem questionar a causa e o efeito, mas que amor é esse, tão possessivo, tão dependente e destrutivo, que arrasta o outro para a morte? Que amor pode prejudicar a quem se ama? E os familiares e amigos que ficaram vivos, esse amor egoísta não pensa nas outras pessoas e nas trágicas consequências para suas vidas? O suicídio é uma fuga que conduz a pessoa para que lugar? Alguém poderia me explicar? Por que minha irmã, que era uma pessoa tão equilibrada, deixou-se levar por uma ideia louca, simplesmente por amar outra pessoa que se foi de forma trágica também? O verdadeiro amor liberta, nunca deve nos levar para o abismo, mesmo que não tenhamos mais a presença do outro. E eu, como seria a minha vida sem a Débora?

Essa cena terrível me remete à lembrança de um trecho de *Humilhados e Ofendidos*, de Dostoiévski, em que, declarando ao protagonista da história o seu amor tresloucado por outra pessoa, a moça diz: - *Vou morrer... morrer* não é o problema! Ficaria feliz de morrer agora. Mas como eu poderia viver sem ele? *Isso é pior que a própria morte, pior que todos os sofrimentos.*

Foi muito difícil para mim entender essa insensatez do sentimento e continuei com uma infindável série de indagações, formulando mil perguntas para nenhuma resposta. Se não sabemos exatamente o que vem após a morte, como o suicídio pode representar algum tipo de resposta? Permita-se o direito da dúvida e não abra portas cuja saída não conhece, pois o destino pode ser muito pior do que se imagina.

Imagino que o suicida não deseje a morte, ele deve é, desesperadamente, querer livrar-se dos seus problemas, que parecem estar acima de suas forças, tirando-o de toda e qualquer razão e levando-o à loucura de uma solução imediata. Para mim, o suicídio não coloca um ponto final; e sim, reticências...

Já temos tanta dificuldade em aceitar a morte natural de um ente querido, imagine quando ela ocorre de forma violenta e abrupta. E é muito pior e difícil de entender quando a própria pessoa toma essa atitude de forma intempestiva. *"Por que,* Débora? Por quê?*"* - repeti várias vezes dentro de minha cabeça.

Ajudei minha mãe a se levantar e urgentemente chamei um médico para ir lá em casa e dar-lhe um calmante, pois não sabia se ela aguentaria mais uma outra decepção na vida sofrida e sem graça que já levava.

Liguei para o meu pai, mas não sabia como contar, também não tinha a menor noção de como ele reagiria e em que poderia nos ajudar naquele momento. Tentei ser o mais racional possível, mas isso não fazia parte de mim, pois a emoção me transbordava.

Foram dias e mais dias de prostração, frequentando a faculdade só por obrigação, pois nada me distraía. Voltei a ser muito introspectivo e antissocial, já não me sentia em condições de dividir nada com ninguém. Eu tinha o olhar vidrado no infinito, era um farrapo humano que nada enxergava ou escutava à sua volta.

Meu relacionamento com a Luíza passou a ficar muito frio, pois eu havia me transformado completamente. Já não conseguia ser o mesmo e, por mais que reconheça que ela tenha envidado todo o possível para me confortar e me colocar de volta ao rumo, eu não percebia mais alegria, sendo cada minuto uma tormenta.

Ela muito tentou me ajudar, e hoje consigo reconhecer todo o seu esforço, mas, para não incomodá-la com a minha presença nada agradável, passei a repelir a sua ajuda de forma até agressiva às vezes, o que inevitavelmente acabou afastando-nos dia após dia. Até hoje, escuto claramente as suas duas perguntas em nosso último momento: *"Por que você não decide viver? Por que não deseja ser feliz?"*.

Após me questionar de forma tão direta e incisiva, ela me deixou o seguinte poema:

O VOO DO PÁSSARO SEM ASAS

Pássaro sem asas
Sem vontade de voar
Pássaro ferido
Incapaz de se lançar.

Preso numa cela
Sem forças pra chorar
Perdeu sua liberdade
Ao desistir de amar.

Sonhos são promessas
Que nos fazem acreditar
Num voo infinito
Que se perde pelo ar.

Pássaro perdido
Sem ter onde morar
Ganhou sua liberdade
Sem asas pra voar.

Como alçar um voo
sem ter aonde chegar?
Como entender a vida
Sem ter a quem amar?

Pássaro sem asas
Sem saber como voar
Te dei a liberdade
Só falta se lançar.

Não consegui me conter e me pus a chorar demais, de forma quase incontrolável, pois escorria pelas mãos um sentimento tão bonito, mas eu simplesmente não estava preparado para ela e não sentia ânimo para lutar.

Foi assim que, passados uns dois meses após a morte da Débora, eu e Luíza terminamos o nosso namoro e passei a me isolar ainda mais, vivendo cada instante sem qualquer estímulo que me pudesse levar adiante. Pesada solidão tomou conta de mim e sentia-me como se houvesse penetrado num abismo sem fim, de onde ninguém nem nada poderiam me tirar.

Minha mãe compartilhava dessa mesma solidão e mantinha os olhos sem brilho, estáticos em algum ponto impreciso do passado. Os seus passos se arrastavam pela casa, como se transportasse uma bola de chumbo forjada nos pés. Mesmo sofrendo tanto ou mais que ela e não havendo qualquer afinidade filial, sentia compaixão e vontade de me aconchegar no seu colo, como nunca havia sentido antes. Estranha sensação essa, a de querer ser filho e desejar abrigo em alguém que nunca realmente desejei chamar de mãe.

O meu pai até que tentou se aproximar para confortá-la, mas ainda havia muito ressentimento e mágoa por parte dela e, dessa forma, sem o verdadeiro perdão, o resultado era contrário à intenção de ajudá-la, fazendo com que ele não tivesse outra alternativa a não ser manter-se a distância. Os meus irmãos nos visitavam quando podiam, mas pouco acrescentavam para minimizar o nosso vazio, visto que estavam mais comprometidos com suas vidas e respectivos empregos do que com a dor que pairava em nosso coração.

Foi um período difícil, em que muitas ideias estranhas passavam por minha cabeça e, às vezes, para esquecer, entregava-me à bebida com pessoas desconhecidas que mal havia encontrado na rua, sem qualquer tipo de afinidade. Eram companheiros do nada, do vazio, pessoas solitárias e sem rumo como eu. Eles não me contestavam, mas tampouco me acrescentavam. Eram os parceiros ideais para lugar nenhum!

Capítulo 4

Sonhos e Pesadelos

Continuava levando uma vida sem graça, sem um objetivo maior, e apenas frequentava a faculdade para ocupar o meu tempo e, assim, não me entregar por inteiro a um ócio que me conduzia a um fim inevitável.

Beber passou a ser um hábito quase que diário, através do qual, inicialmente, tinha uma sensação de relaxamento, mas que, em seguida, era substituída pela angústia de sempre. Apesar de chegar bem cansado em casa, dormir passou a ser algo muito difícil, pois sentia o meu corpo repousar, mas minha alma nunca descansava. Acordar no dia seguinte era sempre um tormento acompanhado de uma dor de cabeça constante.

É incrível como a tristeza é pegajosa, ela gruda na gente sem querer largar, é um câncer que se prolifera sem parar, e nossas defesas parecem incapazes de reagir, é uma verdadeira avalanche que nos arrasta montanha abaixo numa bola de neve que só faz aumentar e destruir tudo por onde passa. Não dá vontade de começar um novo dia e nada se torna interessante. Tudo nos incomoda e falta energia para fazer qualquer coisa. Hoje já aprendi que sempre teremos algum momento triste em nossa vida, mas, como diz a palavra, será momentâneo se não o alimentarmos com a nossa inércia e falta de vontade. Não deixe a tristeza ganhar força, pois ela nunca será maior que você.

Nessas noites sem fim, tive uma série de pesadelos recorrentes, que me deixavam assustadoramente com medo, mas um sonho me apontou um caminho de esperança.

O pesadelo mais recorrente era o de cair de uma escada muito longa e chegar a um lugar que parecia um pântano com uma neblina espessa, um lodaçal, onde, apesar de não conseguir ver as pessoas, escutava toda a sorte de gemidos infernais, clamando por perdão e vingança.

Pareciam desgraçados arrependidos, mas com ódio da existência e das pessoas em geral. O lugar era muito gelado e o frio cortava como punhal afiado dentro do coração, trazendo uma sensação de pavor e desespero.

Umas vozes lamentavam a forma como haviam morrido e reclamavam das dores constantes a que haviam sido expostas, inclusive mencionando serem comidas por vermes que iam, pouco a pouco, devorando os cadáveres putrefatos, como se continuassem conectadas, a todo o momento, aos seus corpos e observassem todo esse processo de decomposição. Eram vozes de enforcados que não conseguiam respirar, de envenenados, com as vísceras submetidas a forte acidez, de afogados sufocados pela água, de queimados ardendo no fogo, e cabeças dilaceradas por projéteis de armas, entre tantas outras formas usadas nos atos tresloucados do suicídio.

Também ouvia vozes de fumantes, usuários de drogas e bêbados, gulosos e viciados em sexo, em jogos, além de pessoas que tinham o prazer de arriscar a própria vida desnecessariamente, como se estivessem numa grande Torre de Babel, onde os pensamentos confusos se misturavam à dor e ao sofrimento de cada alma perdida no lamaçal do pântano. Eram os viciados que abusaram dos prazeres fugazes com a ideia equivocada de tentarem escapar da dor e do sofrimento de uma rotina esmagadora, chegando ao fundo de um abismo torturante. Percebia os espasmos em seus corpos e suas mentes debilitadas como se estivessem num grande manicômio, onde não conseguiam conectar qualquer grau de razão em seus pensamentos. Exalavam odores completamente fétidos, que me causavam náuseas aos sentidos.

Eu não os via, mas escutá-los e senti-los era muito mais desesperador, pois percebia todas as sensações dentro de mim. Ouvia também gargalhadas como se estivesse num circo romano, onde as pessoas estimulavam o espetáculo trágico dos gladiadores e das feras devorando os indefesos. Era simplesmente aterrorizante! Que desespero, eu queria e precisava fugir desse espetáculo de profunda insanidade. *"Tire-me daqui, afaste essa loucura de minha cabeça! Por que isso está acontecendo comigo?"*

Nunca poderia imaginar cena mais deprimente do que essa vivenciada em meus pesadelos, cada vez mais recorrentes. Deveria haver um motivo para isso estar acontecendo e, apesar de minha fraqueza diante da bebida, que entorpecia os meus sentidos, eu tinha que tirar uma força dentro de mim para descobrir.

Recordo-me de que, na época, um colega de faculdade, preocupado com o estado lamentável em que me encontrava, questionou sobre o que estava acontecendo e tive a coragem de contar sobre esses pesadelos, a fim de tentar algum tipo de ajuda para compreendê-los (se isso fosse possível) e conseguir o apoio de alguém, mesmo que não tivéssemos qualquer grau de intimidade.

Interessante foi ele ter mencionado o trecho de um livro que tinha lido havia alguns anos, do qual, infelizmente, não me recordo o nome, mas que as palavras ficaram para sempre em mim, pois retratavam exatamente o que se passava pela cabeça daquelas pessoas em total desespero nos meus pesadelos:

"Aqui, era a dor que nada consola, a desgraça que nenhum favor ameniza, a tragédia que ideia alguma tranquilizadora vem orvalhar de esperança! Não há céu, não há luz, não há sol, não há perfume, não há tréguas!"

Sempre que me recordo desse trecho, não consigo segurar a emoção, e meu coração aperta de tal forma, que somente consigo me recuperar após derramar muitas e muitas lágrimas.

Depois de vários dias fazendo parte desse Inferno de Dante como um personagem a observar sempre que fechava os olhos à noite, quando, ao invés de refazer minhas forças para o dia seguinte, sentia-me atraído para esse ambiente de loucura e perdição que sugava toda a pouca energia que ainda me restava, teve uma única noite em que algo ainda maior me impressionou.

Eu vinha caminhando pelo pântano, escutando os gritos e gemidos de sempre, quando tropecei em algo que me fez mergulhar no lodo lamacento e, ao tentar me erguer daquela substância gosmenta com um cheiro pútrido, pude observar um rosto familiar, que me fez chorar convulsivamente ao notar que já não tinha o brilho de outrora e que agora sofria as consequências de um ato inconsequente.

Vi o rosto de minha irmã, a minha Débora, suplicando perdão e misericórdia por não entender o que havia feito e por arrepender-se amargamente de sua ação impensada. Foi a cena mais triste que pude presenciar em toda a minha vida e que, de tão forte e impressionante, fez-me acordar num ímpeto para ter a certeza de que aquilo não passava apenas de um pesadelo. Entretanto, era tão real, mas tão real, que até hoje me lembro de cada detalhe e, sinceramente, não sei afirmar se era mesmo só um pesadelo ou uma visão verdadeira do que não conseguia compreender. Eu sei que acordei completamente ensopado de suor e com o coração em batida extremamente acelerada.

Naquele dia, como se fosse o *trailer* de um filme que rodava sem parar, fiquei a manhã toda sem conseguir fazer a cena sair da minha cabeça. Pedi de coração pela Débora e que, se alguém estivesse me escutando e aquilo tudo fosse verdade, houvesse compaixão para ajudá-la, visto que ela sempre foi uma pessoa boa, mas que, talvez por falta de conhecimento ou coragem, deve ter se deixado enganar por um caminho equivocado. Acho que foi a primeira vez em minha vida que elevei humildemente o meu pensamento a Deus ou a alguém que realmente pudesse me escutar e, de alguma sorte, ajudar a minha irmã, seja lá onde ela estivesse.

Resolvi então me arrumar e ir para a faculdade, dedicando-me integralmente ao estudo e mergulhando fundo como já não o fazia há muito tempo. O importante seria manter-me ocupado o dia todo, pois o horror daquela cena me fez acordar e reagir aos impulsos negativos que haviam tomado conta de mim desde a morte da Débora.

Tomei a sábia decisão de me afastar da bebida e retomar a minha vida, pois era hora de reagir, de fazer algo por mim mesmo, de me afastar das más companhias e reencontrar o meu caminho. Tenho certeza de que essa foi a decisão mais importante da minha vida, pois foi a única que me permitiria continuar adiante.

Pouco a pouco, a minha dedicação integral aos estudos me fez voltar a crescer e a sentir gosto pelas coisas. Antigos colegas de faculdade se reaproximaram e percebi que voltava a ser mais sociável, atraindo pessoas interessantes com quem aprendia no dia a dia.

Em casa, a relação com minha mãe estava mais tranquila, mas ela nunca mais recuperou o semblante de outrora. Era uma pessoa que apenas sobrevivia e que, definitivamente, não era feliz. Mesmo assim, buscou desenvolver atividades que pudessem ocupar-lhe o tempo e passou a fazer parte de um grupo que ajudava pessoas com problemas similares. Notava que aquilo funcionava como uma terapia de grupo e, aos poucos, servia-lhe de bálsamo regenerador para as suas dores.

Tentei aproximar-me mais, e ela até foi bastante receptiva, mas, pelos anos de pouca conversa, não conseguíamos alimentar um diálogo por muito tempo. O fato de vê-la um pouco melhor me confortava e, sinceramente, desejava que pudesse se recuperar um dia, porque posso imaginar como deve ser difícil para uma mãe perder um filho de forma tão inesperada e trágica. A sensação de impotência e fracasso deve ser terrível.

Meu pai levava uma vida mais serena, mas também percebia-se nele um certo vazio, principalmente por não ter estado presente para tentar evitar tudo o que havia acontecido. Ele estava fazendo terapia e dizia conseguir se compreender melhor.

Enfim, a vida voltou a tomar o seu curso normal e o mar se acalmava em minha travessia, trazendo de volta o horizonte da vontade de viver. As coisas começavam a ficar mais claras, e eu tinha dois caminhos a seguir: entregar-me aos vícios e despencar ladeira abaixo no mesmo pântano dos meus sonhos ou reagir, entender que o sofrimento existe para nos fazer refletir e que é exatamente nesses momentos que devemos nos conectar com o propósito do que estamos fazendo aqui, ou seja, do que faz sentido para a nossa vida para que possamos superar as nossas dificuldades. Foi assim que tomei a melhor decisão até hoje... Eu decidi viver.

Passados mais alguns dias sem ter qualquer pesadelo, o que me deixava mais tranquilo para enfrentar as lutas diárias e caminhar para a frente, tive um sonho com o qual me emociono até hoje e que desejaria voltar a sentir ao menos por um segundo, de tão sublime beleza e pureza de sentimento.

∗ ∗ ∗

 Encontrava-me num jardim, um local em que seria impossível relatar a infinidade de cores e seus variados tons, além de perfumes que invadiam de forma suave cada pedaço do meu ser. Estava lá parado, embevecido por ver uma pintura tão maravilhosa de pintores impressionistas, uma aquarela de cores e pinceladas fortes nunca antes imaginadas por mim. Nem o mais belo jardim na Terra, o de Keukenhof há alguns minutos de Amsterdam, na Holanda, e suas famosas tulipas de março a maio, com sete milhões de bulbos, que só viria a conhecer anos mais tarde, podia ser comparado a essa infinita beleza que presenciava em sonho.

 E a música que escutava dentro do meu coração? Era algo inexplicável a emoção que sentia ao ouvir o som de melodias verdadeiramente celestiais, que ninguém jamais conseguiria reproduzir em qualquer instrumento, diante da limitação humana ou do próprio instrumento em si.

 Foi no meio desse cenário surreal de profunda paz e beleza que se aproximou de mim um ser com uma luz resplandescente e traços muito finos. Eu percebia a presença dele e a leveza de seus gestos, mas não conseguia ver o seu rosto. Escutar suas palavras me trazia uma sensação impossível de descrever, tal era a paz que me conduzia, e a minha vontade era de eternizar aquele momento inesquecível. Lembro-me de que essas palavras não emitiam som, já que não ouvia sua voz, recebia-as pelo pensamento e eram tão claras que não havia qualquer dúvida de minha parte em interpretá-las. O entendimento era pleno, sem qualquer ruído de comunicação.

A sensação ao acordar foi de um bem-estar enorme, de uma recarga completa nas baterias e de muita energia para começar o dia. Entretanto, infelizmente não conseguia me lembrar de tudo o que aprendera no sonho, só me recordando com total clareza da seguinte frase:

"*Meu irmão, estamos muito felizes que tenha retomado o caminho da luz, pois você tem uma missão de resgate de grande importância, que vai ajudá-lo muito, assim como à sua irmã e a outras pessoas que fizerem parte de sua caminhada.*"

Aquela frase ficou em minha mente durante o dia seguinte, e eu tentava pensar o que poderia ser aquilo: Que missão? Que resgate? O que seria tão importante para ajudar a todos nós?

Durante alguns dias, *flashes* do sonho, e principalmente a frase, ficavam martelando a minha cabeça, até mesmo atrapalhando um pouco a minha concentração nas coisas, mas eu simplesmente não tinha a mínima ideia do que estava por vir.

Assim, como aparentemente nada mudava, continuei levando a minha vida e tratando de me dedicar mais aos estudos, ficando apenas mais atento aos sinais.

Também comecei a me interessar mais pelo tema suicídio e busquei livros especializados, além de orientação profissional, através da terapia, para tentar reequilibrar a minha vida e fortalecer os meus valores. Aliás, eu tinha uma certa resistência a fazer terapia, talvez pela minha educação ou por algum comportamento de resquício machista e ignorante, mas hoje reconheço como foi importante para mim.

No início, não era nada fácil, visto que a terapeuta abordava temas que realmente mexiam muito comigo, e era comum eu sair de lá incomodado e até contrariado. Mas foi exatamente esse caminho que cuidou do meu lado sombra e me fez trazer à tona uma série de coisas que estavam guardadas lá no fundo da minha alma. Só através da busca pelo meu autoconhecimento foi que tive a oportunidade de descobrir as minhas potencialidades, fraquezas e o universo de coisas que deveria trabalhar para ser uma pessoa melhor.

Por isso, hoje eu digo que às vezes não conseguimos, por algum momento, descobrir o motivo de as coisas acontecerem, mas sempre há uma razão e uma oportunidade de aprendizado, basta estarmos atentos e aproveitarmos cada minuto de nossa existência.

Um dia, ao ligar despretensiosamente o rádio, escutei uma música desconhecida de um compositor novo e fiquei impressionado como, de primeira, a letra me tocou profundamente, o que, cá entre nós, não é nada normal.

O título da música era NADA PODE ACABAR COM O AMOR, e a letra era assim:

Quando a vida da gente é um caos
E parece que nunca vai terminar
Me dá a impressão que o fardo é pesado demais
E que essa estrada não leva a qualquer lugar.

Quando a tristeza chegar pra valer
E arrasar a energia em seu coração
Tenha fé, acredite e me dê sua mão
A tristeza nunca será maior que você.

Quando o horizonte em você se fechar
E a esperança de uma vida melhor acabar
Não se entregue, você tem muita coisa pra dar
Existe um mundo de gente querendo te amar.

Nada pode acabar com o amor
Nada pode acabar com a alegria
Nada pode acabar com a certeza
Hoje será o seu grande dia.

Era inacreditável! A letra da música caía como uma luva para o momento em que estava vivendo e tinha uma batida tão forte, com um viés de tanta esperança, que era impossível não reagir positivamente. É aquele tipo de canção que dá vontade de sair às ruas, juntar o máximo de gente e, numa caminhada de mãos dadas, levar todos a alcançarem o mesmo objetivo. O último verso era o refrão da música e ele se repetia algumas vezes de forma tão intensa, como uma espécie de mantra que me convidava insistentemente a reagir. E foi isso que fiz...

Capítulo 5

A VIDA SEGUE EM FRENTE

FALTAVA SOMENTE UM ANO PARA TERMINAR A faculdade e havia conseguido uma bolsa de estudos para concluir a minha graduação em Comunicação Social pela Universidade de Sorbonne no Quartier Latin, em Paris, num convênio com a faculdade aqui do Brasil.

Eu vinha destacando-me nos estudos e, assim, fui premiado com essa oportunidade, que passou a ocupar quase todo o meu tempo na preparação desse novo projeto de vida.

Nunca mais havia me encontrado com a Luíza, pois fiquei um longo tempo mergulhado na tristeza, preferindo afastar-me para poupá-la da minha presença, mas passado um pouco mais de três anos do fatídico acontecimento que me abalou profundamente, estava de volta à vida e soube que ela havia também conseguido uma bolsa e que estava estudando Direito em Nova Iorque, o que me deixava muito feliz, mas também com uma saudade apertada dos momentos em que fomos cúmplices da mesma alegria, do mesmo amor. Seguíamos caminhos parecidos, mas nos distanciávamos cada vez mais no percurso que a vida nos havia reservado.

Mesmo assim, não queria me envolver com ninguém, pelo menos por agora, pois o foco seria planejar minha mudança para Paris e concluir os meus estudos. Interessante, iria eu conhecer o destino de lua de mel que minha irmã havia planejado para a sua vida. Que vida?

Meu pai me ajudou bastante a financiar a viagem, com um reforço necessário para que eu pudesse alugar um apartamento e sobreviver em Euro. Já minha mãe, depois de tanto tempo, tinha algo com o que se alegrar e passou a me apoiar na decisão de morar e estudar em outro país.

Engraçado como a nossa relação afastada, e até mesmo embrutecida algumas vezes, e indiferente em outras, vinha suavizando-se com o decorrer dos anos e das experiências pelas quais passávamos. De uma forma ou de outra, a vida nos ensinava e nos aproximava aos poucos, superando barreiras que imaginei intransponíveis um dia.

Com a morte da Débora e o afastamento dos meus irmãos, cada vez mais ocupados com suas famílias e afazeres, eu e minha mãe passamos a ser o universo um do outro, o apoio necessário à sobrevivência de cada um. Eu a vi sofrer escondida quando me entregara à bebida por um longo tempo, justamente na época em que ela mais precisava de um ombro, e agora a via radiante pela minha recuperação e pelas conquistas.

Mesmo que, às vezes, ainda discordássemos das ideias, a comunicação e a convivência já haviam melhorado bastante. De minha parte, também notei que os fatos que aconteceram me ajudaram a amadurecer mais rápido, e a terapia foi fundamental para enxergar a vida, minhas dificuldades e o caminho que deveria tomar com mais clareza.

Pude perceber, com o tempo, que a dificuldade dela em lidar comigo era por ter sido concebido num período em que o relacionamento dela com meu pai já apresentava um grande desgaste, deteriorando-se aos poucos, com brigas cada vez mais regulares. Como ela sempre teve uma carência afetiva muito grande, na hora de descontar seus medos e frustrações, como uma válvula de escape mesmo que de forma inconsciente, ela atingia a pessoa mais próxima e indefesa da casa, eu.

Voltando ao projeto de estudar em Paris, pesquisei onde seria o melhor lugar para morar, se havia uma residência para estudantes ou se seria mais conveniente alugar um apartamento e dividir com alguns colegas. Decidi pela segunda opção e observei que a faculdade tinha uma espécie de mural dos alunos que buscavam colegas para dividir o aluguel de um apartamento.

Foi assim que consegui fechar um local, o qual dividiria com um espanhol de Barcelona, uma portuguesa de Sintra (próximo à Lisboa) e uma francesa de Nice, descendente de pais argelinos.

Já vinha estudando francês havia uns dois anos e combinei de chegar a Paris uns três meses antes de começar os estudos, a fim de me ambientar com a língua, com os costumes e também com os meus futuros colegas de apartamento.

A bolsa de estudos incluía um valor mensal para a subsistência, o material de estudo, a passagem aérea e assistência médica e odontológica. Os custos de moradia, que ficava no Marais no 4º *arrondissement* (divisão administrativa de Paris que possui vinte delas, como se fossem bairros), uma região bastante pulsante com muitos jovens, artistas e uma agitada vida noturna, seriam pagos diretamente por nós ao locador do apartamento.

Procurei juntar o máximo de material que havia pesquisado sobre Paris e a França de um modo geral, a história, os monumentos, os museus, as pessoas, os costumes, a gastronomia, o que fazer e o que não fazer, a fim de ir me ambientando mesmo antes de chegar ao local, pois nunca tinha ido ao exterior e não queria fazer feio, evitando possíveis gafes.

Quanto mais próximo do dia da viagem, maior era o friozinho na barriga, pois seria a minha primeira viagem de avião para um país com outro idioma, que ainda não dominava perfeitamente.

Também estava com o coração apertado por deixar minha mãe sozinha em casa, e por um período tão longo, já que atualmente ela não tinha mais ninguém e, apesar de apoiar o meu projeto, percebia-se claramente a sensação de adeus em seu olhar. Talvez até por isso ela tenha sido uma pessoa amarga e difícil de lidar, pois, desde criança, conviveu com a palavra despedida, tendo perdido os pais num acidente de ônibus e passado a viver com uma tia por parte de pai na sua adolescência, enfrentando todo tipo de dificuldade e amarguras, que acabaram criando uma couraça em torno dela, fazendo com que viesse a proteger-se de tudo e de todos.

Na primeira semana, eu ficaria num *hostel* até que acertasse os últimos detalhes com o locador do apartamento e fizesse o adiantamento dos três primeiros meses de aluguel. Meus colegas de quarto chegariam na mesma semana, exceto a francesa, que chegaria somente dez dias antes do início das aulas, pois ela não tinha a mesma necessidade de ambientação que a gente.

O nosso curso começaria no início de setembro e, assim, no dia primeiro de junho, eu embarcava com destino a Paris, rumo à minha primeira experiência internacional e às oportunidades que a vida me trazia para um novo aprendizado.

Assim que o avião decolou do aeroporto internacional Tom Jobim no Rio de Janeiro, a primeira sensação foi um misto de ansiedade e certo nervosismo, sendo logo substituída por uma série de planos e sonhos que pretendia realizar. Tudo ali era novidade e queria aproveitar cada minuto, o que tornou meu voo meio cansativo, já que os pensamentos povoavam minha cabeça e, aliados ao espaço apertado entre as poltronas, quase não consegui dormir.

Onze horas mais tarde, chegava ao aeroporto Charles de Gaulle, em Paris, passava pela imigração, recolhia a bagagem e tomava um táxi rumo à minha nova vida, já deslumbrado por escutar as pessoas falarem um idioma que não era a minha língua nativa.

Achei Paris uma cidade extremamente interessante, com seus prédios baixos e históricos, era maravilhoso caminhar por suas ruas e descobrir, em cada lugar, um recanto gostoso, onde passear e deixar o dia passar era um grande prazer. Fiquei maravilhado com os seus Cafés e como as pessoas os aproveitavam para relaxar, bebendo uma taça de vinho ou uma xícara de café para colocar a conversa em dia.

As parisienses também me encantavam com a elegância em se vestir, no charme da língua francesa, misturado com um certo despojamento no caminhar.

Nessa primeira semana no *hostel*, além de acertar com o locador os detalhes do aluguel do apartamento, levei uma vida de turista e conheci tudo o que tinha direito, como os museus do Louvre, D´Orsay e Rodin, a Torre Eiffel, as catedrais de Notre Dame e Sainte Chapelle, além da Sacre Coeur, no charmoso bairro de Montmartre. Fiz passeio de barco pelo rio Sena e principalmente andei, ou melhor, flanei muito como gostam de dizer os franceses, observando sempre as pessoas e os lugares por onde passava.

Aqui faço uma menção ao que li de Goethe no livro *Viagem à Itália (1786 - 1788)*, quando ele diz que *"interessam-me agora tão somente as impressões captadas pelos sentidos, e estas livro algum, pintura alguma oferece."*

Foi exatamente o que senti nas diversas vezes em que fui aos mesmos lugares em Paris ou em outras cidades, onde sempre tive percepções completamente diferentes de cada um deles. Pode ser em razão da luminosidade do local dependendo da hora do dia, de quem me acompanhava no passeio, do tempo ou da temperatura, das pessoas que estavam em meu entorno, ou simplesmente em razão de mim mesmo, já que estou em constante mudança, e isso altera como interajo e me integro com o ambiente.

Visitar as obras impressionistas no D'Orsay, o jardim do museu Rodin, as barraquinhas com artistas de rua na praça próxima à Basílica de Sacré Coeur, deixar o tempo passar no Jardin Tuileries, deitar no gramado em frente à Torre Eiffel no fim do dia, esperando a noite chegar e ela iluminar-se por completo, e escutar o órgão na missa das onze horas de sábado da Notre Dame, eram meus programas preferidos de turista em Paris. Aliás, ao observar a Porta do Inferno de Rodin e todos os seus detalhes, a expressão de dor e desespero dos seus personagens, que a tornam belíssima e assustadora, não tive como deixar de me emocionar e, com os olhos marejados, lembrar-me dela, da minha querida e inesquecível Débora.

Aqui, recordo-me novamente de Goethe, que diz *"se esse meu entusiasmo fosse ouvido por alguém que mora ou nasceu no Sul, tal pessoa julgar-me-ia bastante infantil. Ah, mas aquilo que aqui dou expressão, eu já o sabia há tempos, há tanto tempo quanto o que venho suportando viver sob um céu ruim, e me agrada bastante sentir essa alegria excepcional, da qual deveríamos desfrutar sempre, na condição de uma eterna necessidade natural."*

No meu caso, poderia comparar "alguém que mora

ou nasceu no Sul" com os moradores locais de onde resido. Se eles pudessem escutar o meu entusiasmo, acho que me achariam meio bobo e não saberiam me entender, mas eu que vivi sob um céu ruim durante uma boa parte de minha vida, em que literalmente não era feliz, agora sentia uma alegria infantil, sem qualquer culpa ou preocupação, simplesmente me permitia caminhar aonde os meus pés pudessem me levar. Eu precisava de novas experiências e novos horizontes...

Capítulo 6

Um ano em Paris

Na semana seguinte, já me sentindo ambientado à cidade, mudei-me para o apartamento e, logo em seguida, meus companheiros de quarto chegaram, faltando somente a francesa de Nice, que viria mais tarde.

Era um apê bem jeitoso de sala e dois quartos, todo equipado para estudantes de temporada, incluindo roupas de cama e banho, além dos talheres e de todo o material de cozinha. A decoração era moderna com mobiliário leve, que deixava o ambiente bem arejado. Tinha uns 60 m² e, por isso, era fundamental que os quatro moradores se organizassem bem e não fossem do tipo bagunceiros, pois cada um teria que respeitar muito o espaço do outro. Admito que isso gerava um certo receio em mim, já que não sabia como seria a nossa convivência pelo pouco mais de um ano que teríamos pela frente.

Os primeiros dias foram de muito agito, pois tanto o espanhol quanto a portuguesa gostavam muito da boemia francesa, e para mim tudo era novidade, além de ser a oportunidade de me enturmar um pouco e aproveitar essa temporada no exterior para me tornar um pouco mais sociável.

Trocávamos muitas ideias sobre os nossos países e a nossa vida, todos tínhamos em comum os mesmos anseios e expectativas dessa temporada na França e do que aprenderíamos no curso e no dia a dia.

Eu adorava escutar as histórias deles e sobre os lugares de suas cidades como a Sagrada Família, Parc Guell, a Casa Milà, a Casa Battlò e todas as obras sedutoras e curvilíneas que imitavam a natureza do incrível arquiteto Antoni Gaudí (1852-1926), além do Montjuic, a Barceloneta, o Palau de la Música, a Catedral Gótica, o Camp Nou e as Ramblas em Barcelona. Soube que Gaudí projetou a Sagrada Família para não ultrapassar a altura do Montjuic, pois ele não poderia construir algo que fosse acima do que Deus construiu, achei fantástico! Também aprendia sobre as comidas típicas como a *paella* e *fideuá*. Esses lugares me pareciam ser maravilhosos para visitar e também para morar, com toda a sua influência catalã.

Já sobre Sintra, aprendi sobre o Palácio de Pena, Castelo dos Mouros, a Quinta das Regaleiras, o Palácio de Seteais, o Palácio de Queluz, o Palácio Nacional de Sintra, o Cabo da Roca, além dos famosos doces portugueses como o pastel de Belém, desde 1837, em Lisboa, e o Travesseiro da Periquita, entre outros. Dava-me a impressão de ser um local bem bucólico, trazendo a lembrança de um Brasil do período colonial.

Eu, por minha vez, falava orgulhoso das maravilhas do Rio de Janeiro, de suas praias, do Cristo Redentor, do Pão de Açúcar, do Jardim Botânico, da Lagoa Rodrigo de Freitas, do Maracanã, do MAC em Niterói, da beleza e da simpatia de nossa gente, além de me recordar com saudades da nossa feijoada e do nosso pudim de leite condensado.

Enfim, foram muitos bons momentos em que íamos nos conhecendo, aproveitando o ótimo astral de Paris e aprendendo um com o outro.

Agora faltavam apenas poucos dias para iniciar a faculdade, e quem chegava para se juntar a nós era a Sophie, a charmosa francesinha de Nice que vinha morar conosco.

Foi encantamento à primeira vista, ela era toda feminina no jeito de andar, falar e vestir-se. Era muito delicada e, ao mesmo tempo, passava a impressão de alguém com uma determinação ímpar e uma força de vontade extraordinária. Fomos nos conhecendo aos poucos, e como ela também tinha muita curiosidade sobre o Brasil, naturalmente começamos a sair juntos e a flertar aos poucos.

Por ser filha de argelinos com muitas oportunidades de trabalho em seu país de origem e bastante comprometida com causas sociais, aprendi muito com ela sobre um tema que nunca havia pensado em minha vida, o trabalho voluntário. Senti-me até meio culpado por jamais ter participado de qualquer atividade voluntária e me recordo de que, nas poucas vezes em que tive algum contato, inventei um cem número de desculpas para não fazer qualquer coisa nesse sentido, como falta de tempo, nunca ter sido convidado, não saber o que fazer e até mesmo uma certa ausência de interesse, o que claramente expunha o quanto eu ainda era egoísta, muito mais focado nos meus interesses do que nos do próximo. De certa forma, ao reconhecer esse egoísmo em meu caráter, ficava bastante envergonhado perante a presença da Sophie.

Todos nós sabemos que essas são desculpas para o não fazer e assim continuar na inércia, no comodismo confortável de uma felicidade aparente e egoísta. Vim a descobrir que o trabalho voluntário traz tantos benefícios para quem o realiza e para quem o recebe, que todas as pessoas deveriam transformar a própria vida imediatamente e colocarem mãos à obra. Alguns indivíduos simplesmente se acomodam em não fazer o mal a ninguém, numa atitude completamente passiva e inerte, mas e o bem que eles poderiam praticar e não o fazem? Isso não gera um questionamento sobre o aumento de nossa responsabilidade perante o outro?

Hoje, claramente percebo como o egoísmo, o orgulho e a vaidade são grandes mazelas da humanidade e que só fazem atrasar o nosso progresso moral e, consequentemente, o desenvolvimento de um mundo melhor, com mais compaixão, paciência, compreensão e respeito entre todos.

Sophie visitava regularmente hospitais e conversava com os doentes internados, oferecendo uma palavra de conforto e esperança. Ela me convenceu a acompanhá-la nessas visitas, e como era muito delicada e positiva em suas palavras, eu ficava impressionado como o semblante das pessoas se iluminava sempre que ela chegava para vê-las.

Apesar de sua pouca idade, com apenas vinte e um anos, ela saltava aos olhos de quem a conhecia, por ter experiência e sabedoria em tantas coisas. Mesmo assim, conservava tamanha simplicidade de gostos e humildade no trato com as pessoas, que atraía positivamente a todos que se aproximavam dela.

Também tinha muito jeito com as crianças e toda semana visitava um orfanato, sendo que, além de levar alguns mantimentos e brinquedos sempre que podia, conseguia livros emprestados em sebos e lia histórias infantis, fazendo a alegria da garotada que ficava ansiosa por ouvi-la.

Comecei a participar de alguns trabalhos voluntários e passei a experimentar uma sensação única, a de me sentir verdadeiramente feliz por trazer um pouco de conforto a quem tanto precisava. Pela primeira vez na minha vida, eu podia realmente me sentir útil aos outros, o que trazia, consequentemente, uma leveza ao meu coração. Se eu soubesse anteriormente que ajudar o próximo era algo tão recompensador, certamente já o teria feito há muito tempo.

Imagino que várias pessoas no mundo não fazem a mínima ideia do que é e do quanto aprendemos ao realizar um trabalho voluntário. Inclusive para a vida profissional é muito importante, pois trabalha várias competências que qualquer empresa busca no funcionário, como o trabalho em equipe, liderança, a escuta empática, organização, disciplina, pró-atividade, entre tantas outras coisas. Isso sem contar que a caridade trabalha exatamente contra sentimentos negativos que assolam o mundo desde todos os tempos, como os já mencionados: egoísmo, orgulho, vaidade, inveja, ciúme, avareza, etc, fazendo-nos prestar atenção no outro e, consequentemente, passamos a não mais nos colocarmos acima de qualquer outra pessoa, como se fôssemos o centro das atenções e do Universo.

Era um novo horizonte que se descortinava para mim e que, aliado ao meu trabalho de autoconhecimento realizado na terapia por alguns anos no Brasil, abria novas oportunidades de aprendizado. Eu passava a gostar mais de mim ao ver que podia fazer a diferença para outras pessoas, e isso mudava bastante a noção de valores interiorizados em minha vida.

Procurei também avaliar aos quais trabalhos voluntários eu melhor me adequava e, então, aprendi que há um mundo de oportunidades além de visitar hospitais e orfanatos, como vinha acompanhando a Sophie. Havia os que se dedicavam ao trabalho para com os idosos, os moradores de rua, os presidiários, as pessoas com doenças mentais, as pessoas com depressão e potenciais suicidas, além do trabalho realizado em escolas, em organizações não governamentais, ligados à música, à leitura e às artes em geral, trabalho de apoio a outros países e a outros povos em condições muito precárias e um sem fim de oportunidades de ajudar, pois todas as pessoas em nosso planeta precisam de algum tipo de ajuda e, na maioria das vezes, nem percebe ou sabe pedir. Nós precisamos de ajuda, e ajudar é definitivamente o melhor caminho!

Aliás, ao exercer esses trabalhos, naturalmente ia criando em mim uma paciência para escutar e compreender as pessoas, a cooperação nas tarefas sem necessidade de ninguém competir ou tentar ser melhor do que o outro, a tolerância para com a dificuldade dos outros, visto que muitos eram tolerantes comigo também, a palavra amiga quando algo não saía exatamente como o planejado e, principalmente, o perdão. Ah, como é difícil ao ser humano perdoar os outros, e como isso é fundamental nas relações, pois, imperfeitos como ainda somos, precisamos ser perdoados constantemente, visto que, mesmo muitas vezes sem intenção, magoamos as pessoas com nossas brincadeiras, palavras, ações e até pensamentos.

Outra coisa que comecei a reparar em mim foi que, a partir do momento em que a gente se engaja num trabalho voluntário, não há mais falta de tempo, pois adquirimos disciplina e sempre o tempo aparece quando é para se fazer o bem. Antes, gostava tanto de ir à praia nos meus dias de folga no Brasil e não abria mão disso em relação a qualquer outra coisa, depois, passei a ver o trabalho voluntário como algo prioritário e que me dava ainda mais alegria, uma alegria perene que se prolongava durante todo o dia. Mesmo assim, não deixei de aproveitar as atividades de lazer no meu tempo livre, apenas passei a me adequar de acordo com os meus compromissos.

※※※

As aulas começaram e, como eu e Sophie fazíamos cursos diferentes, passamos a nos ver somente à noite no apartamento, nos trabalhos voluntários que fazíamos juntos e, algumas vezes, quando saíamos a dois, com os nossos amigos do apartamento ou com os colegas da faculdade. Entretanto, o compromisso que tínhamos com o estudo ia nos tomando cada vez mais tempo e sobrando menos para curtir.

Mesmo assim, lembro-me de alguns lugares muito bacanas que conhecemos em Paris e de algumas poucas viagens que fizemos nos feriados, como foi o caso do Mont Saint Michel e sua visão de conto de fadas ao nos aproximarmos lentamente, vislumbrando-o no horizonte. Também o Vale do Loire com seus grandiosos castelos como Chambord, Chenonceau, Villandry e seu jardim magnífico, Azay le Rideau, entre tantos outros. Mas a viagem de que mais gostei foi a Annecy e Talloires, cidades próximas a Genebra, na Suíça, na beira do lago mais limpo da Europa, com aquela paisagem idílica que combina água, verde e montanha, voltando pela região da Borgonha.

Falava com minha mãe uma vez por semana, pelo telefone, e notava que ela parecia estar bem, mas sempre com um vazio e superficialidade que se percebia na voz. Como ela nunca tinha ido ao exterior, de tanto tentar acabei convencendo-a a passar uns dez dias comigo no mês de junho, que é um período muito agradável em Paris, com uma temperatura amena, perfeita para se flanar pela cidade.

Fui buscá-la no aeroporto junto com a Sophie e tivemos dias maravilhosos, nem parecendo que anos atrás éramos tão distantes. É incrível como o tempo, as experiências e os lugares diferentes são capazes de promover mudanças nas pessoas. Eu também tinha adquirido mais conhecimento com o trabalho voluntário, o que naturalmente expandia as minhas possibilidades de compreender bem melhor a minha mãe e toda a sua história.

Havia tempo que não sonhava com mais nada de relevante e interessante e foi exatamente nesse período que tive outro sonho bem marcante. Era com a minha irmã, em que ela ainda estava muito triste e debilitada, mas havia uma luz de esperança, pois começava um tratamento num hospital muito claro e ventilado, com um jardim bem tratado, enfermeiros e médicos extremamente atenciosos. Apesar de eu não escutar uma palavra entre as pessoas, a impressão era de que a Débora recebia todo o carinho, e isso servia como um bálsamo para as suas dores.

Somente agora, após ler *Os Sofrimentos do jovem Werther*, de Johann Wolfgang von Goethe, podia (talvez) compreender o que havia se passado pela cabeça de minha irmã, conduzindo-a a um momento de insanidade. Seguem alguns trechos:

"*Porque um homem que se deixa arrastar por uma*

paixão violenta perde a faculdade de refletir e deve ser considerado como um ébrio, como um demente."

"A natureza humana, prossegui, depois de breve pausa, tem seus limites; pode suportar até certo ponto a alegria, a mágoa, a dor, mas passando deste ponto, ela sucumbe. A questão não é, pois, saber se um homem é fraco ou forte, mas se pode suportar o peso dos seus sofrimentos, quer morais quer físicos."

Tem um trecho do livro, então, que me remeteu imediatamente ao comportamento e raciocínio que a Débora possa ter adotado:

"Lembrei-lhe o caso de uma moça que encontraram havia algum tempo e contei sua história. Era uma boa criatura, toda entregue a suas ocupações domésticas, trabalhando a semana inteira, sem outro prazer além de se enfeitar aos domingos com os poucos trapos que ia arranjando a custo e ir passear com as companheiras pelos arrabaldes da cidade ou dançar, de quando em vez, nas festas jubilares, além de passar as horas de folga conversando, com toda a veemência e o mais cordial interesse, a propósito de uma rusga ou de uma discussão com a vizinha... Eis que com tempo essa natureza fogosa começa a sentir necessidades mais íntimas, que crescem com os galanteios dos homens...

Todas as suas alegrias de antes tornam-se pouco a pouco insípidas, até que enfim ela encontra um homem, para o qual um desconhecido sentimento a arrasta irremediavelmente, no qual funda todas as suas esperanças, pelo qual esquece o mundo que a rodeia. Ela nada escuta, nada vê, nada sente a não ser ele, o único, e só por ele, o único, é que anseia. Como não está corrompida pelos prazeres frívolos da vaidade e dos galanteios, os seus desejos vão direto ao alvo, quer ser sua, quer gozar em eterna união toda a felicidade que lhe falta, os prazeres que aspira. Promessas repetidas que selam a certeza de todas as suas esperanças, carinhos temerários que lhe aumentam os desejos, apoderam-se de toda a sua alma. Ela está suspensa em uma surda consciência, no antegozo de todos os prazeres subiu ao cume, e estende enfim os braços para cingir todos os seus desejos... e o seu amante a abandona... Ei-la em transe, privada dos sentidos, à beira do abismo; tudo é escuridão à sua volta, nenhuma perspectiva, nenhum consolo, nenhum vislumbre de esperança, porque a abandonou o único por quem e em quem ela sentia viver! Não vê o vasto mundo que diante dela se estende, e o número daqueles que poderiam substituir a perda que sofreu. Ela sente-se sozinha, abandonada por todos... e cega, oprimida pelo horrível aperto de seu coração, arroja-se ao abismo para sufocar todos os seus tormentos na morte que tudo abarca..."

Você pode imaginar como foi difícil essa leitura para mim? Sim, foi muito difícil, mas me permitiu entender um pouco mais esse momento de insanidade. Com certeza, minha irmã foi arrebatada por uma paixão, criou raízes e passou a gravitar em torno do noivo, como um planeta que depende de sua estrela para viver. Ali ela fincou a sua bandeira de felicidade, explorando um novo mundo maravilhoso à sua frente, e se dedicou completamente. Assim são as paixões, elas arrebatam e nos movimentam em direção ao infinito, podendo até nos levar a grandes realizações, mas, quando perdemos o controle sobre nós mesmos, será que teremos forças para voltar à razão?

A perda abrupta do noivo num acidente trágico soou da mesma forma que um abandono, um adeus inesperado, sem despedida, sem uma chance de retorno e sem volta para a felicidade. Qual era o limite de minha irmã para os seus sofrimentos? Ela teria sido capaz de racionar sobre o seu futuro, ou teria passado de seus limites a ponto de sucumbir à demência pelo desespero da solidão?

Enfim, hoje entendo a loucura que deve ter se apossado de seus pensamentos num breve eterno momento antes do suicídio, mas continuo sentindo uma tristeza enorme por ela não ter sabido suportar a sua dor, pois tudo passa, e a minha vida é um bom exemplo disso. Sou feliz por ser um sobrevivente e ter saído vencedor das dificuldades que enfrentei, mesmo que, muitas vezes, faltassem-me forças para seguir, mas eu segui.

***

Numa ida ao Jardim de Luxemburgo com minha mãe, enquanto estávamos sentados colocando a conversa em dia, tomei coragem para tocar no assunto de todos esses sonhos que tive, e minha mãe ficou visualmente tocada. Apesar das lágrimas em abundância, seu rosto passou uma impressão de completo alívio e reconforto após a minha narrativa. O resultado foi surpreendente e nos abraçamos com uma certa leveza, extravasando um amor que nunca foi compreendido e sempre se manteve contido em nossa relação.

Acho que foi um dos momentos mais emocionantes em minha vida, em que o nosso sentimento pôde se aflorar e nos entregamos de coração aberto, sem qualquer medo, preconceito ou barreiras. Aquilo que havia dito sobre minha mãe no início deste livro ou diário (sei lá!), isto é, no período que compreendeu desde a minha infância até a adolescência, já não condizia mais com a realidade, pois havíamos mudado muito, e nossa relação demonstrava claramente isso. Éramos, finalmente, mãe, filho, e vice-versa.

Quando minha mãe voltou ao Brasil, parte de mim voltou com ela, e a saudade não tardou a acontecer, algo que seria impensado há alguns anos.

Resolvi falar com a Sophie sobre esses pesadelos que tive a respeito do suicídio e sobre os sonhos com a minha irmã, e ela, mais uma vez, surpreendeu-me positivamente, dizendo-me o seguinte:

"*Com certeza, há uma razão para as pessoas estarem juntas nesse mundo, e o grande motivo é aprendermos uns com os outros, pois não há pessoa que seja conhecedora de tudo, intelectualmente ou moralmente. Sempre temos oportunidades de aprender e trabalhar com o outro, enriquecendo o aprendizado de ambos,* e daí provém *a grandeza dos relacionamentos.*

O ser humano deveria sempre cooperar com o próximo de forma humilde, e não o que fazemos constantemente, que é tentar exercer o nosso domínio sobre as pessoas, tentando subjugá-las para ter uma falsa aparência de poder. E esse tipo de poder ilusório, egocêntrico, ainda demonstra uma característica de comportamento primitivo da humanidade, pois juntos seremos sempre melhores.

O problema é que muitas pessoas ainda não perceberam o que dá sentido à vida e ficam buscando incessantemente a realização de prazeres superficiais e ganhos materiais, que até podem trazer alguma alegria temporal, mas que geram desequilíbrio e não criam qualquer alicerce positivo na construção do nosso caráter.

Muitas pessoas sucumbem às dificuldades que se apresentam, pois não as enxergam como oportunidades de crescimento e, assim, vivem a reclamar constantemente, pen-

sando que os seus problemas são os maiores que existem, exercendo o papel interminável de vítima e tentando chamar a atenção negativamente, o que só as faz afastar-se das pessoas positivas de sua vida.

Seria tão mais simples aceitar as dificuldades como algo temporário que precisa ser superado para que possamos passar de fase, assim como acontece na escola ou num videogame. Essas dificuldades são como um engarrafamento na estrada, que muitas vezes não sabemos como se iniciou e, quando percebemos, já estamos no meio dele. Nesse momento, dá-nos a impressão de que nunca vai acabar e de que não chegaremos jamais ao nosso destino, o que nos deixa irrequietos, impacientes, preocupados e muito irritados. Mas como todo bom engarrafamento, do mesmo jeito que surge, sem mais nem menos, lá na frente irá desaparecer, e poderemos vir a descobrir qual foi o motivo ou até acharmos graça em razão de não termos percebido o que o gerou.

Assim é a vida, sempre chegaremos ao nosso destino, só nos resta decidir como desejamos chegar e viver. Podemos enfrentar os problemas com força, paciência, resignação, perseverança, fé e esperança, trabalhando continuamente para superá-los e sem reclamar, celebrando mais tarde as nossas vitórias nas lutas diárias, ou podemos arrastar-nos lentamente e murmurar de tudo como um ímã a atrair somente energia negativa, que só faz atrasar a nossa prosperidade.

O que não podemos nunca é desistir, pois há muitos motivos para viver, e o suicídio seria a negação da vida, talvez causado por algum desgosto em razão da ociosidade, solidão, falta de fé, saciedade, desespero ou outro motivo que faça a pessoa não acreditar mais num sentido e aí, num ato de loucura e covardia, desiste no meio do engarrafamento, quando logo lá na frente iria terminar do mesmo jeito que começou, e o caminho estaria livre para o seu destino."

Suas palavras foram tão simples, tão claras, tão racionais, que não deixavam qualquer margem para dúvidas.

Cada vez que eu a escutava, era como se estivesse numa palestra com algum sábio com total "expertise" do assunto e me comovia, além de concluir como é que eu nunca havia pensado nisso. A simplicidade de suas palavras era tanta, que soavam óbvias aos meus ouvidos, sem haver a necessidade de qualquer tipo de questionamento. Era justamente aí a riqueza de sua fala e que sempre me deixava leve e confortado.

Ela me fez lembrar de um pensamento de que gosto muito desde a infância e que já mencionei aqui:

"*Não importa o que lhe acontece, e sim como você reage a esses acontecimentos.*"

Também me levou às seguintes palavras da escritora brasileira Cora Coralina, mulher simples, doceira de profissão e que publicou seu primeiro livro aos 76 anos de idade:

"*Mesmo quando tudo parece desabar, cabe a mim decidir entre rir ou chorar, ir ou ficar, desistir ou lutar; porque descobri, no caminho incerto da vida, que o mais importante é o decidir.*

É isso mesmo, há pessoas que se deprimem com o que acontece e não conseguem vencer a barreira de si mesmas, arrastando-se na rotina da vida sem uma meta, enquanto há outras que se utilizam exatamente desses acontecimentos para reagir e superar todas as dificuldades, que servirão de alicerce para a construção de sua vida, onde serão sempre responsáveis por suas decisões.

※※※

Já estava chegando ao final do curso em Paris, uma época de muitas oportunidades, boas amizades e grandes aprendizados. A Sophie tinha sido uma luz no meu caminho, mas eu sabia que o nosso relacionamento teria uma duração determinada, que cada um seguiria a sua estrada, e era completamente claro para mim que ela era uma pessoa especial, que não poderia se satisfazer somente em casar-se e em montar uma família. Ela era uma pessoa do mundo e para o mundo, tinha o perfil de missionária, preocupada com o ser humano em geral e não somente com um indivíduo.

Viver ao lado da Sophie me fez lembrar de um outro pensamento que adoro, de Fernando Pessoa, e que se encaixa perfeitamente com o turbilhão de emoções que vivemos no pouco tempo em que estivemos juntos:

"O valor das coisas não está no tempo que elas duram, mas na intensidade com que elas acontecem. Por isso, existem momentos inesquecíveis, coisas inexplicáveis e pessoas incomparáveis."

Assim, terminei o meu curso em Paris com uma despedida calorosa da Sophie, dos meus amigos de apartamento e dos colegas de faculdade, com muita alegria pela conquista dessa nova etapa e uma certa tristeza pela separação, pois foram momentos intensos que ficariam para sempre na lembrança.

Capítulo 7

O PRIMEIRO EMPREGO

VOLTEI AO BRASIL COM A BAGAGEM CHEIA DE ÓTIMAS experiências e muito aprendizado. Assim que cheguei, fui ao Ministério da Educação (MEC) para validar o meu diploma e concluir com sucesso a minha Faculdade de Comunicação Social.

Era uma grande conquista e, finalmente, depois de muitos anos, consegui reunir minha mãe e meu pai num evento, a minha formatura, e eles até se trataram de forma cordial, pois o mais importante era prestigiar o filho deles por essa importante etapa da vida.

Faculdade concluída e diploma debaixo do braço, começava mais uma luta, a de procurar o primeiro emprego com essa concorrência cada vez mais acirrada e a situação do país com projetos interessantes pela frente, mas ainda enfrentando uma crise de desemprego com inflação alta.

Foram meses e mais meses de tentativas, pois, apesar de ter um currículo bom para um iniciante, as oportunidades eram poucas para a grande quantidade de interessados. Esse período de busca me deixava um pouco ansioso, ainda mais quando percebia a preocupação no rosto de minha mãe sempre que voltava para casa sem nenhuma novidade. Lembrava-me da Sophie exatamente nesses momentos e pensava como se eu estivesse no meio do engarrafamento exercendo a minha dose de paciência, mas que, em breve, com determinação e perseverança, esse engarrafamento iria dissipar-se e o emprego naturalmente chegaria.

Aproveitava o tempo livre para realizar alguns trabalhos voluntários e não deixar a ociosidade ocupar a minha cabeça, desperdiçando meus pensamentos em bobagens. Passei a tocar piano em hospitais e casas para idosos que tinham o instrumento disponível, trazendo muita alegria aos pacientes, seus parentes em visita e aos enfermeiros ou cuidadores que trabalhavam nesses locais. O resultado era incrível e percebia o benefício em todos nós, pois a música tem uma energia maravilhosa, que sempre mexe com a nossa memória afetiva.

Num hospital que tratava pessoas com hanseníase, conheci uma senhora que atuava como enfermeira e começamos a conversar sobre os diversos tipos de trabalho voluntário. Foi quando ela me disse que era voluntária de uma instituição que auxilia emocionalmente um grande número de pessoas e fiquei muito interessado no assunto, visto que era um atendimento a pessoas que ligavam de forma anônima para conversar sobre os mais diversos assuntos, compartilhar alegrias e tristezas, sonhos e desencantos, simplesmente precisando de alguém para escutá-las com carinho, sem qualquer preconceito ou necessidade de identificação.

Como muitas dessas pessoas poderiam ser solitárias e até depressivas, esse seria um caminho perigoso até o suicídio em si, o que me despertava o interesse, ainda tentando entender o caminho seguido pela minha irmã.

Ela me contou que havia uma estatística de que, no mundo, uma pessoa tira a própria vida a cada quarenta segundos, chegando a oitocentos mil suicídios no total de um determinado ano da pesquisa, sendo a segunda maior causa de morte, atrás somente dos acidentes de carro. Os motivos eram vários, indo desde uma depressão gerada pelo abuso de álcool e drogas até outras causas como solidão, esquizofrenia, estresse, problemas financeiros, términos de relacionamento, timidez, "bullying", vítimas de violência, abusos e perdas, falta de fé, assim como as discriminações envolvendo raça, orientação sexual, imigrantes, entre outras.

Achei esses números impressionantes e, apesar de nunca ter seguido fielmente uma religião como frequentador assíduo, sempre acreditei que a vida tem um propósito, mesmo que às vezes não percebamos qual seja exatamente. É estranho também explicar, mas sinto dentro de mim que a vida não se extingue com a morte, pois se assim o fosse, esse nosso mundo seria muito injusto, sendo que algumas pessoas possuem tanto, e a grande maioria, tão pouco.

Qual seria a razão de alguém ser rico, saudável, ter uma vida aparentemente tranquila e outro ser miserável, doente e com toda a sorte de problemas? Por que essas pessoas mereciam ter destinos tão diferentes se houvesse somente essa existência? O que elas teriam feito afinal? Que bondade e justiça seriam essas que as pessoas apregoam se tudo se iniciasse e se encerrasse em somente uma vida? Qual seria a diferença entre uma pessoa boa e outra que só comete delitos ou maldades se tudo se acabasse com a morte?

Como sempre fui uma pessoa movida pela racionalidade em busca de respostas, eu tinha a necessidade de acreditar que o Universo é muito maior do que pensamos e que temos objetivos muito mais elevados do que essa nossa realidade aparente. De certa forma, isso me repelia a ideia do suicídio, porque se há algo maior para cada um de nós, não podemos nunca desistir, pois o que seria um sofrimento temporário em comparação com a eternidade da existência?

Consequentemente, esse assunto sempre me angustiava, pois imediatamente me vinham as lembranças de minha irmã Débora, que sempre foi tão amorosa. E se havia algo mais, onde e como ela estaria agora? Quem a estaria amparando e conduzindo para uma nova oportunidade? Como eu poderia ajudá-la?

E, assim que foi possível, liguei para um telefone de informações, procurando a instituição sobre a qual aquela senhora havia me falado, pois vi que havia um motivo (aliás, sempre há) para essa oportunidade estar aparecendo em minha vida e imediatamente procurei saber o que devia fazer para me tornar um voluntário.

A pessoa que me atendeu foi muito cordial, anotou os meus dados e disse que estavam formando uma nova turma para o treinamento num curso de sete a nove semanas e, assim que tivesse o número mínimo de interessados, voltaria a me contatar.

Passados uns três meses, recebi uma ligação informando-me sobre o início do curso e perguntando sobre meu interesse em participar, o que imediatamente aceitei.

No primeiro dia de treinamento, fiquei impressionado como a turma era heterogênea e isso também me agradou bastante, pois a troca de experiências seria riquíssima. No decorrer do curso, aprendi muito a trabalhar em equipe, a seguir fielmente o compromisso do horário e as regras de convivência entre os voluntários, a executar a escuta empática, a não julgar as pessoas ou tentar apontar caminhos, visto que a nossa verdade não é necessariamente a verdade dos outros, e finalmente aprendi a conversar com as pessoas de uma forma acolhedora de quem está lá simplesmente à disposição para oferecer o apoio emocional.

Todo esse aprendizado do curso e depois do próprio trabalho voluntário semanal fizeram com que minha visão se ampliasse, passando a valorizar o que é realmente importante na vida, inclusive, ajudando a me preparar para o mercado profissional, dentro da área de Comunicação Social.

Mal comecei o trabalho voluntário e recebi uma notícia maravilhosa, fui convidado para trabalhar numa agência de publicidade, onde atuaria na equipe de criação para comerciais em revistas, rádio e televisão.

Era uma agência cuja matriz ficava em Paris e a filial, no Rio de Janeiro, e estava em expansão com contratos novos, alguns deles com clientes também franceses, o que, além de tudo, seria ótimo para continuar praticando o idioma.

Ser contratado para o primeiro emprego é sempre uma grande alegria, pois é a oportunidade de começar a colocar em prática tudo o que aprendemos na teoria, de trabalhar e ser útil, de iniciar a nossa escalada profissional, buscar uma realização na área e independência financeira.

Fui logo contar à minha mãe, que ficou visivelmente feliz, pois além de estar aflita com a ansiedade e a preocupação que tomavam conta de mim pela falta de emprego, seria de grande ajuda na casa, visto que faltavam poucos anos para ela se aposentar, o que iria, inevitavelmente, reduzir a nossa renda familiar. Tudo sempre chega na hora certa e dentro do nosso merecimento, essa é uma grande verdade, que muitas vezes a nossa miopia ou imaturidade não nos permitem enxergar ou perceber.

Nós havíamos nos tornado parceiros na dor e na alegria, nas conquistas e nas dificuldades, companheiros no dia a dia. É difícil de imaginar como a nossa relação evoluiu no decorrer dos anos, e isso me conduzia finalmente ao porto seguro que faltou em parte da minha infância e, principalmente, durante a adolescência.

Também falei da novidade a meu pai, pois fazia tempo que não o visitava; ele ficou muito satisfeito, querendo saber detalhes do meu emprego. Passamos um fim de semana muito agradável, em que pudemos ter uma conversa mais franca sobre todas as coisas que tinham acontecido em nossa vida desde a separação dele e de minha mãe. Há momentos na vida em que certos tipos de conversa são fundamentais para ajustar um relacionamento, pois, com o passar do tempo, geramos alguns conflitos internos que, se não forem bem esclarecidos ou resolvidos, acabam afastando-nos das pessoas sem ao menos nos darmos conta, e nos acostumamos com isso.

O problema é que as pessoas ainda são demasiadamente orgulhosas e, muitas vezes, dar o primeiro passo transmite a sensação de fraqueza. E é justamente o contrário, quem reconhece a necessidade de se mover para aparar uma aresta é certamente uma pessoa que sabe aonde quer chegar e que não posterga o que deve ser feito para melhorar uma situação. Foi maravilhoso ter meu pai de volta para mim, poder abraçá-lo com todo o meu amor e sem qualquer vergonha de demonstrar a alegria que inundava o meu coração. Como essa reaproximação me fez sentir completamente leve!

Ele aproveitou para me confidenciar toda a luta interna que teve de enfrentar para vencer o preconceito e assumir a sua sexualidade. Emocionamo-nos com os seus relatos desde a infância, quando falou sobre as dificuldades que enfrentou, sobre como ele conheceu minha mãe e o sentimento de amizade que surgiu entre eles, além de seu esforço em tentar seguir com o relacionamento estável, o que até deu certo por um bom tempo.

Entretanto, ele reconheceu que, após vários anos tentando esconder-se de si próprio, não mais havia conseguido suportar os seus desejos e sucumbiu à tentação, lutando contra tudo o que havia aprendido na infância, quando recebera uma educação muito rigorosa de seus pais.

Mesmo enfrentando os olhares e as opiniões das pessoas, hoje ele se sentia alguém satisfeito consigo mesmo, conhecedor de suas emoções e dizia que toda essa experiência o tinha amadurecido muito. Apenas lamentava o que restou entre ele e minha mãe, mas a compreendia perfeitamente e desejava que um dia ela o perdoasse.

Não me achei no direito de julgá-lo, apoiando-o ou condenando-o, mas simplesmente respeitei a sua decisão, pois muito além do tema sobre a sua opção sexual, meu pai era um bom homem com suas qualidades e defeitos, assim como todos nós, e o mais importante é que sentia como, a seu jeito, ele me amava bastante.

✤ ✤ ✤

Voltando ao trabalho, tudo foi encantamento nos primeiros dias, ainda mais no departamento de criação de uma agência de publicidade, tão dinâmico, com pessoas descoladas e um monte de ideias surgindo ao mesmo tempo. Lógico que atualmente não tem mais o mesmo *glamour* de anos anteriores, tornando-se uma atividade com muito estresse, suor e trabalho.

Participar de grandes campanhas criativas, prêmios,

reconhecimento internacional e festas sempre atraiu muitos jovens, como o sonho de se tornar famoso e aparecer em vários lugares.

Entretanto, a pressão pela entrega dos trabalhos dentro dos prazos requeridos pelos clientes e de acordo com as suas expectativas obriga a pensar em publicidade vinte e quatro horas por dia. Assim, a vida social tão sonhada praticamente desaparece, pois é comum fechar uma arte em pleno fim de semana.

Por outro lado, aprende-se muito dentro da agência, e conversamos com empresas de todos os tipos, o que nos faz crescer também. É fundamental falar inglês e, nesse caso, eu ainda tinha o francês, o que era um ótimo diferencial em razão da nacionalidade da matriz. Além disso, tinha de ler muito, ouvir todo o tipo de música, ir a restaurantes diversos e viajar sempre que necessário. Ou seja, ser eclético era importante para poder aproveitar mais as oportunidades e expandir a minha área de atuação.

Em pouco tempo, eu já conseguia auxiliar os meus colegas mais experientes e ia sendo apresentado a clientes de diversas culturas e opiniões. Por isso, tive de me dedicar muito em adquirir conhecimento por cultura e arte, a fim de ganhar experiência e tornar-me um profissional respeitável no mercado de trabalho.

Capítulo 8

O CASAMENTO

NUMA DESSAS VIAGENS A TRABALHO, QUANDO DEsenvolvia uma campanha de um perfume para uma empresa francesa de cosméticos, é que tive a oportunidade de conhecer a Ângela.

Ela fazia parte de uma equipe de *marketing* contratada por essa empresa cliente, e a nossa empatia foi imediata. Saímos algumas vezes para jantar durante a viagem, ela adorava ambientes aconchegantes e intimistas, onde invariavelmente tomávamos um bom vinho e desenvolvíamos longas conversas sobre os mais diversos assuntos e, consequentemente, em pouco tempo já estávamos envolvidos.

Como nós dois já tínhamos passado por experiências interessantes na vida, adquirindo uma boa maturidade, e gostávamos de várias coisas em comum, foi um passo para iniciarmos uma relação séria e duradoura.

Uma vez, eu ouvi uma música que se chamava Ângela e achei lindíssima, num arranjo de piano e saxofone, mas é uma pena que não me recorde agora da letra. Ah, eu fico tão incomodado quando quero me lembrar de algo que se apaga de minha mente. A melodia me vem claramente à cabeça, mas como expressá-la em palavras? Sei apenas que se tratava de um amor que atravessava vidas, uma simbologia tão bela!

Eu me sentia abençoado por ter conhecido mulheres tão maravilhosas nos relacionamentos amorosos, pois Luiza, Sophie e agora Ângela eram, sem exceção, pessoas muito especiais e bem melhores do que eu. Além da atração física, principalmente me ensinavam muito e aprendíamos juntos. Cada uma tinha a sua personalidade, seu jeito, seus planos e sua maneira de tocar o meu coração, deixando-me sempre encantado.

Sempre aprendi muito com as mulheres e com a riqueza do universo feminino, que mistura determinação e delicadeza. Por isso, é incompreensível para mim quando leio, nos jornais, crimes de preconceito, agressividade moral ou física contra mulheres em todo o mundo, atos de verdadeira selvageria, demonstrando o quanto ainda nos falta evoluir moralmente. É o problema histórico do egoísmo humano tentando dominar o outro pelo poder, força ou coerção. Seria tão mais simples se as pessoas convivessem em paz, colaborando entre si e complementando-se nas habilidades, sem ficar competindo quem é o melhor.

Tenho plena consciência de que o verdadeiro amor num relacionamento a dois deve ser calcado no companheirismo. O interesse sexual é importante sem dúvida, mas não deve ser a base. O imprescindível é a grande amizade que surge nos dois, um ajudando o outro, crescendo juntos, servindo de cais para o barco na tempestade, o ombro amigo nas dificuldades e o torcedor a celebrar as vitórias do companheiro como se fossem suas. São esses os casais que formam famílias com valores bem estruturados e desejam envelhecer juntos.

Uma vez, num aeroporto, eu conheci um casal de idosos em que o senhor já estava visivelmente com algumas dificuldades de acompanhar as coisas e ela me disse que era importante que eu encontrasse uma esposa que me amasse e que fosse uma verdadeira companheira, para que pudesse cuidar de mim quando eu estivesse bem velhinho. O engraçado foi que, enquanto conversávamos, o senhor saiu andando meio perdido, sem se dar conta de nada, e ela saiu correndo atrás dele para buscá-lo carinhosamente. Aí ela olhou pra mim e exclamou: *"Viu?!"*.

A vida a dois não será sempre um mar de rosas, ao contrário, terá muitos desafios, e casais que só se relacionam fisicamente, competindo um com o outro, sentindo ciúmes doentios, não terão um relacionamento que irá durar muito tempo e, inevitavelmente, poderão acabar como inimigos, gerando relacionamentos odiosos.

Eu e Ângela, em pouco tempo, fazíamos planos, e logo fui apresentado à família dela, seus pais e um casal de irmãos mais velhos, já casados. Fiquei bastante impressionado como todos se davam muito bem, como era agradável o encontro e o prazer que eles tinham de colocar a conversa em dia. Na mesma hora, pensei que esse era o tipo de família que gostaria de formar no futuro, de pessoas que se querem bem e estão sempre a somar.

Logicamente, acabei comparando com a minha família e me veio uma certa tristeza, visto que nunca chegamos a esse nível de relacionamento, mas na mesma hora procurei mudar o foco do meu pensamento, lembrando-me de que atualmente a minha relação com meu pai e, principalmente, com minha mãe estava infinitamente melhor.

No trabalho, ia tudo de vento em popa, e minhas criações vinham ganhando reconhecimento de clientes importantes, o que me gerou uma promoção a Coordenador da equipe de criação depois de quatro anos de empresa.

Fiquei superfeliz e era exatamente o que estava precisando para dar um passo adiante, levando Ângela para comemorar em nosso restaurante preferido, de comida francesa e uma decoração típica com seus lustres, tapetes e quadros. Foi uma noite inesquecível, principalmente quando, após abrir um espumante para brindar, tirei do bolso duas alianças e a pedi em noivado, bem como rege a tradição. Não precisa nem falar que a reação dela foi de uma alegria espontânea e que tivemos uma noite maravilhosa, ficando guardada para sempre em nossa memória.

Assim, iniciávamos uma nova fase em nossa vida e começaram os planos para o casamento, a data, o local, o bufê, a decoração, a música, o enxoval, a lista de convidados, a poupança para futuramente adquirir um apartamento de dois quartos e todas aquelas coisas que dão trabalho, mas que, ao mesmo tempo, aproximam os casais em busca de uma vida futura em comum.

Queríamos uma festa simples, apenas com as pessoas mais chegadas ao casal, algo que não ultrapassasse cem convidados, pois preferíamos investir um pouco mais na viagem de lua de mel, num lugar que fosse marcante para nós dois. Tivemos a ideia de, em vez de fazermos uma lista de presentes, pedir a cada convidado que contribuísse com uma pequena quantia a uma instituição de caridade, com o intuito de retribuir e distribuir a alegria que contagiava o nosso coração.

Meus pais ficaram muito satisfeitos com as novidades e já até se aproximavam mais para tratar do meu casamento. De certa forma, o Universo ia conspirando para que eles voltassem a se falar aos poucos, e quem sabe seria uma oportunidade de resgatarem a velha amizade que tiveram no passado. Eu desejava muito isso, pois algo entre eles havia ficado inacabado e, mais cedo ou mais tarde, teriam de aparar as arestas e se encararem de frente.

Foram três anos de namoro e mais um de noivado, quando finalmente eu e Ângela nos casamos na cerimônia simples que havíamos planejado, só para as pessoas mais chegadas. Se pudéssemos dividir a vida em etapas, certamente o casamento seria uma das mais importantes, pois é quando deixamos de pensar no eu e passamos a ser nós. É um grande aprendizado diário, em que a relação só dá certo quando ambos aprendem com a individualidade do outro, mas ao mesmo tempo cedem muitas vezes para evitar conflitos desnecessários. Esse respeito mútuo é fundamental para o crescimento do casal e da futura família.

Foi muito bom reunir vários amigos em comum na nossa festa de casamento, e aproveitamos cada segundo, confraternizando, relembrando trajetórias do nosso namoro e alguns fatos engraçados de nossa vida, pois todos os convidados eram testemunhas e cúmplices de algum momento especial.

Finalmente, consegui reunir os meus pais, os meus

irmãos e as suas famílias num momento raro em que todos pareciam estar felizes, mesmo que para alguns pudesse ser algo passageiro ou superficial. Se eu pudesse, congelaria aquele momento só para resgatar a alegria de um encontro familiar perdido desde a minha infância.

Consequentemente, mesmo que tenha sido breve, pensei instantaneamente em Débora e desejei muito que a minha irmã estivesse presente conosco, o que trouxe um fio de tristeza e vazio no meu coração. Não tem como... o suicídio é algo que marca a todos pela vida inteira e não dá para apagá-lo completamente da memória. Ele afeta quem o pratica e todas as pessoas que conviviam com o suicida. Tudo aquilo que passamos em nossa vida, seja algo positivo ou negativo, deixa-nos marcas. Não se trata de esquecer, mas aprender com todas as nossas experiências, pois elas viram bagagem. Enfim, para não deixar que esse sentimento me contagiasse negativamente, pedi para que ela estivesse bem e amparada por amigos, o que me aliviou um pouco aquela velha sensação de vazio.

De lá seguimos para a nossa viagem de núpcias no sul da França, onde alugamos uma casa na cidade de Fréjus e passamos dias inesquecíveis, visitando várias cidades de carro a aproximadamente uma hora de distância como Nice, Cannes, St.Tropez, Aix en Provence, St.Paul de Vence, Tourtour e Moustiers-Sainte-Marie, entre outras.

Vocês podem questionar-me o motivo pelo qual eu gosto tanto da França, e eu simplesmente não saberia explicar, mas, desde que morei lá, sinto-me em casa assim como quando estou no Brasil.

Foram quinze dias de praia, com muito sol e a temperatura agradabilíssima de junho; visitamos paisagens bucólicas, vilarejos floridos, campos de lavandas e girassóis, lagos, praias, montanhas e alguns museus, e degustamos da gastronomia francesa, com seus queijos e vinhos. E assim iniciávamos nossa estrada a dois.

Capítulo 9

Chegadas e partidas

Já estávamos casados havia cinco anos, e o nosso relacionamento continuava maravilhoso, tanto que já começávamos a pensar em ter um herdeiro.

Num final de tarde, voltando do trabalho, ao chegar a casa, vi que a Ângela havia preparado um jantar especial à luz de velas e, sinceramente, por mais que buscasse alguma data especial na memória, não me veio nada à mente.

Mesmo assim, fui deixando-me levar, apesar da enorme curiosidade e de uma certa vergonha por não me lembrar do motivo de tudo aquilo, quando finalmente, visivelmente emocionada, Ângela disse que uma menininha iria chegar em nossa vida dentro em breve. Fiquei extremamente feliz com a gravidez e iniciamos uma nova fase.

Os futuros avós paternos e maternos celebraram muito a novidade, e todo mundo queria opinar no nome da menina, o que ainda não tínhamos decidido, pensando em diversas opções.

Começamos os preparativos, idealizando o quarto do bebê, e no nosso tempo livre passamos a ser frequentadores de lojas de móveis, decoração e roupas de criança. Era um prazer e um ponto de reflexão pensar em como seria ser pai de uma menina e de toda a responsabilidade que seria educar uma criança, a importância de ensinar valores morais para que ela se tornasse uma pessoa bem estruturada para viver em sociedade, pois a grande responsabilidade dos pais é oferecer uma base sólida para preparar os filhos para o mundo, a fim de cumprirem sua missão na vida. Não há a menor dúvida de que o ser humano evolui bastante quando assume a paternidade de forma responsável.

Interessante é que a vida intercala momentos de grande alegria com outros de grande tristeza, como se nos testasse constantemente em nossa caminhada. Foi assim que, passados dois meses da novidade da gravidez, recebi uma notícia que me deixou completamente sem chão.

Minha mãe tinha ido ao médico para se consultar sobre uma dor constante que sentia na cabeça e que vinha aumentando mais recentemente. Ela havia mantido esse assunto em segredo até receber o resultado do exame, que infelizmente indicou um câncer.

Foi como se uma lâmina gelada e afiada cortasse a minha carne até o coração. Não podia acreditar que, justamente num dos momentos mais felizes da minha vida, quando todos nós estávamos radiantes, poderia acontecer algo tão triste e que, mais uma vez, o sofrimento batia à nossa porta. Por que isso nos acontece? Por que é tão difícil vivenciar períodos mais longos de felicidade?

Procurei oferecer todo o meu apoio e carinho, ajudando-a nas tarefas do dia a dia sempre que voltava do trabalho, mas o fato é que não me sobrava tempo suficiente, pois ainda tinha que dar atenção à minha esposa e à barriguinha dela. A sorte era que a gente morava relativamente perto e assim, sempre que possível, dava uma passada na casa de minha mãe.

As dores iam aumentando dia a dia e era perceptível que suas forças iam se esvaindo aos poucos. Minha mãe nunca foi uma pessoa carinhosa, mas mesmo nos momentos em que a nossa relação não era das melhores, sempre a admirei por sua coragem e pela determinação em enfrentar os problemas, e olha que não foram poucos.

O lado bom foi que meu pai definitivamente se reaproximou dela, e aquela velha amizade voltou quase que instantaneamente, pois ainda havia amor no coração deles e, onde há amor, existe sempre a compreensão e o perdão. Ele até pediu licença no trabalho e deu todo o suporte de que ela precisava como um verdadeiro amigo que sempre foi. Isso acalentava o meu coração e me ensinava que tudo na vida tem um propósito, mesmo que às vezes não compreendamos os motivos e teimemos em reclamar dos problemas.

Às dezoito horas de um dia bastante cinzento, soava, através da janela do quarto de minha mãe, o badalar dos sinos de uma igreja próxima, tocando a Ave Maria; tristeza e doçura mexeram com a minha alma. O dia inteiro havia chovido muito, mas já no final da tarde, um pequeno pedaço do céu se abriu e a luz de um raio de sol pareceu penetrar pela janela somente para buscá-la e conduzi-la. Foi assim que um câncer muito agressivo a levava embora após três meses de convivência, exatamente, por coincidência ou não, no dia do meu aniversário. Esse definitivamente não era o presente que desejava, mas para viver com a dor intensa que invadiu o seu corpo, era um alívio ver esse sofrimento finalmente acabar.

Nos seus últimos momentos acamada, ela me emocionou com suas palavras. Primeiro, pediu-me perdão por todas as dificuldades em nosso relacionamento e confessou que não conseguia entender uma certa barreira que sentia sempre quando eu me aproximava dela na infância e na adolescência. Disse também que o tempo foi o remédio ideal para compreender os seus sentimentos e para aprender a me amar como filho. Atualmente, ela sentia esse amor na plenitude e desejava que eu pudesse ter o mesmo afeto por ela. Inclusive, aconselhou-me a amar a minha filha e a dar-lhe todo o carinho do mundo, não perdendo um momento na vida, porque o tempo não volta atrás e, quando nos arrependemos dos nossos atos, vemos o quanto já perdemos de oportunidades.

Já completamente sem forças e com dificuldade para falar devido às constantes fisgadas de dor que retorciam sua expressão facial, ela disse que finalmente sentia a hora da partida e que tinha muita esperança de encontrar a sua filha Débora, onde ela estivesse, para apoiá-la e reconduzi-la ao caminho de Deus. Foi um momento de muita emoção quando ela finalmente deu seu último suspiro e fechou os olhos. Perdoe-me por um instante porque choro, mas só eu sei, e como sei, o quão foi difícil amá-la e mais difícil ainda... vê-la partir.

Eu trocaria todos os meus bens, todas as minhas conquistas materiais, pela simplicidade dos (poucos) momentos de felicidade plena que tive em minha vida, e eles sempre estiveram relacionados ao verbo amar. Posso imaginar, com toda a certeza, como são felizes as pessoas que verdadeiramente amam, apesar de também sofrerem muito... O amor nos dá forças inimagináveis para vencer as vicissitudes da vida!

A tristeza invadiu o nosso coração, mas um certo alívio pelo cessar das dores de nossa mãe acalentava o nosso íntimo. Foi nesse misto de sentimentos que aconteceu o funeral dela, e meu pai era visivelmente a pessoa mais abatida, talvez pela sensação do tempo perdido da grande amizade que sempre cultivara por ela.

Passados alguns dias da morte de minha mãe, escutei no rádio uma música que me tocou muito e que imediatamente atrelei à minha história com ela. Após escutá-la algumas poucas vezes, copiei a letra abaixo:

QUANDO IREI DESPERTAR?

Quando alguém se vai
Para além do mar
É quando a brisa traz
O amor no ar
E o meu barco ao cais

Eu te vi partir
Para nunca mais
A solidão do mar
No silêncio jaz
E o meu barco sem cais

Quando vou te encontrar?
Quanto tempo esperar

Para o meu coração
Navegar nesse mar?
Mil tormentas virão
Horizontes sem fim
Quando irei despertar
Essa chama em mim?

Demonstrava claramente como levamos tempo para nos harmonizarmos no caminho da vida e como a partida dela me arrancava do cais, do meu porto seguro, deixando-me à deriva no mar. Imagino que essa é a sensação que os filhos sentem quando os pais partem, seja pela morte ou pela perda da lucidez, pois enquanto os temos, mesmo que ainda afastados, sentimos que sempre estarão de coração aberto a nos escutar, a receber as nossas dúvidas e angústias, auxiliando-nos pelo menos com o apoio moral e a renovação da esperança. Na vida, muitas vezes enfrentamos momentos em que nos sentimos crianças em busca de um colo. Não gostaria que alguém se sentisse assim quando chegar a minha hora, mas como evitar?

Foi nesse ambiente recente de melancolia que, pouco mais adiante, chegava para alegrar o nosso coração a nossa filhinha tão desejada. Chegava bem de saúde e com um chorinho forte de impressionar. Compareceram ao hospital os avós maternos e meu pai com o namorado dele, todos muito felizes com a chegada da neta.

Ela iria se chamar Maria, assim como a minha mãe, e seria uma justa homenagem imediatamente aceita por Ângela e apoiada por todos os familiares. Aliás, eu gosto muito desse nome, que é a verdadeira tradução de simplicidade, doçura, humildade e amor.

Nos primeiros meses, recebemos muita ajuda de minha sogra, que curtia demais a netinha, cuidando com todo o carinho que lhe era peculiar e auxiliando-nos com a sua experiência. Sempre que chegava a casa, eu ficava olhando fixo para a minha *filhota* e com aquela cara de pai meio babão, só curtindo a cria. Que sensação gostosa! Só de lembrar, volto no tempo e sinto exatamente a mesma emoção.

Vários amigos também nos visitavam para conhecer Maria, e esses encontros eram muito agradáveis, e o papo, apesar de variado, sempre terminava em torno dos filhos.

Minha esposa estava cada vez mais bonita e achei incrível como a maternidade lhe havia feito bem em todas as formas. Voltava a me sentir leve, cheio de vida e objetivos perante o meu trabalho e a minha família.

Capítulo 10

QUE VALORES ME MOTIVAM?

MARIA JÁ ERA UMA CRIANÇA DE CINCO ANOS, EU tinha sido promovido a Gerente do departamento de criação havia dois anos, e Ângela também tinha crescido bem na empresa em que trabalhava, ou seja, tudo estava indo de vento em popa como poderíamos desejar. Apenas o trabalho voluntário é que tinha reduzido bastante, em virtude da minha "falta" de tempo, e isso me incomodava um pouco, só que eu não estava conseguindo recomeçar.

Entretanto, às vezes valorizamos as coisas erradas e nos perdemos no rumo do nosso caminho, deixando o nosso lado sombra tomar conta, dando mais importância ao ter do que ao ser. É nessas horas que a vida nos traz ensinamentos dolorosos, que mexem profundamente no nosso orgulho, no egoísmo e na vaidade.

Foi exatamente isso que aconteceu comigo quando

surgiu uma promoção para uma Gerência Geral na empresa, e eu jurava que seria o escolhido, achando-me o melhor candidato em relação aos outros, numa visão míope de puro egocentrismo.

Outro colega foi promovido e, num primeiro momento, minha reação foi de revolta pelo não reconhecimento, deixando o meu orgulho dominar de forma insana os meus pensamentos.

Mergulhei numa tristeza diária no trabalho, pois me achava o injustiçado, o preterido e que, certamente, isso seria culpa de alguma possível situação política dentro da empresa. Estava completamente fora de foco e só buscava nos outros justificativas para o meu pretenso fracasso profissional. Isso refletia em meu relacionamento dentro de casa, pois não estava conseguindo aproveitar os simples momentos que passava com Ângela e Maria, tornando-me uma pessoa ranzinza e desagradável, ao reclamar de coisas tão pequenas.

É nesse momento que volto ao início deste livro, acordando todos os dias às 6h30, sem saber como enfrentar mais um dia de uma rotina massacrante e sem graça. Um período em que não achava graça na vida familiar, nos amigos, no lazer e, por um total equívoco mascarado pelas minhas imperfeições, continuava a pensar que o problema estava nos outros e que era um injustiçado no mundo, uma vítima da incompreensão. Lembrei-me de Goethe ao dizer: "*Quando faltamos a nós mesmos, tudo nos falta.*".

Por outro lado, eu já tinha passado por muita coisa em minha vida e sempre havia me recuperado dos momentos mais difíceis. Então, desistir nunca e, certamente, o que estava me acontecendo agora serviria de pilar para o meu aprendizado e reforço para o futuro.

Lembrei-me de uma conversa que tive com a Sophie quando, após vários dias de tempo fechado e uma chuva fina e fria em Paris, finalmente abriu o tempo, com o Sol trazendo a alegria de volta e um céu completamente azul, sem qualquer nuvem.

Ela me falou: *Depois de alguns dias de chuva e céu nublado, o simples fato de vermos a luz do Sol e o céu azul nos deixa radiantes e cheios de energia. A chuva é necessária para irrigar as nossas sementes, embelezar as flores e abastecer-nos de água, a água da vida. Assim também são as dificuldades, quando surgem, o dia fica nublado e ficamos tristes, mas elas irrigam as nossas sementes de força, vontade, perseverança, humildade e fé, trazendo novas oportunidades e, quando as superamos, ficamos radiantes com o dia lindo que se descortina e a luz que nos ilumina.*

A Sophie mandava sempre muito bem, e suas palavras eram verdadeiros bálsamos.

Novamente me veio à mente um trecho de *Os sofri-*

mentos do jovem Werther, de Goethe: "*Queixamo-nos muitas vezes, principiei eu, de que temos tão poucos dias bons e tantos dias maus, e parece-me que na maior parte delas nos queixamos sem razão. Se o nosso coração estivesse sempre aberto para gozar o bem que Deus nos manda todos os dias, teríamos forças mais do que suficiente para suportar o mal quando ele aparece.*"

Era isso mesmo, eu tinha que parar de me lastimar pelo que havia acontecido e de me fazer de vítima, pois nada acontece ao acaso e, afinal de contas, ainda tinha um bom emprego, saúde e uma família amorosa, então, só devia agradecer pela vida, mas eu só pude compreender isso lá na frente.

Um dia, recebi a seguinte mensagem de um amigo por *e-mail*, e parte dela dizia:

"*Assim, quando hajas feito o máximo ao teu alcance e os resultados não sejam conforme esperavas, não te exasperes e aguarda um pouco mais. Este não era o momento e, se houvesse logrado o êxito, isto não te seria conveniente.*"

Refleti muito sobre a mesma e comecei a voltar o pensamento para mim, no que eu estava fazendo para merecer aquilo. O sofrimento, muitas vezes, é o remédio necessário, pois a dor acaba levando-nos a buscar o autoconhecimento e a refletir sobre os nossos passos. É nessas horas que deixamos de lado esse nosso orgulho e humildemente buscamos os nossos pensamentos mais íntimos para nos conectar com algo maior, que possa nos dar forças, iluminar o nosso caminho, ajudar a arrumar a bagunça e tirar-nos dessa situação.

Ah, a paciência, por que somos tão imediatistas e valorizamos tanto o lado material do dinheiro, *status*, poder e reconhecimento? É uma procura sem fim pela posse das coisas temporais, querendo exercer mais influência do que o outro, gerando sentimentos negativos de inveja e ciúmes para obter, talvez, alguns poucos prazeres fugazes. Nós acabamos alimentando exatamente aquilo que nos fará mal mais cedo ou mais tarde. A irritação é sinal evidente de desequilíbrio emocional, enquanto a paciência reflete a tranquilidade íntima.

Nesse período, alguns colegas de trabalho contavam umas histórias tentando, visivelmente, atingir-me, criando um ambiente de intriga e desconfiança, num leva e traz que só ajudava a me desequilibrar e a deixar-me de mau humor. Entretanto, como nunca gostei de disse que disse, lembrei-me de que a Sophie tinha um jeito muito peculiar de não alimentar conversas maldosas. Ela simplesmente mudava completamente o tema da prosa quando alguém falava mal de outra pessoa, sem dar a menor confiança a qualquer tipo de fofoca.

O problema é que, muitas vezes, ao enfrentar dificuldades, buscamos sempre a causa nos outros e não percebemos a realidade dos fatos. E não adianta mostrar a luz a um cego, assim como não conseguimos ajudar a quem não está receptivo à ajuda. Como não há cego pior do que aquele que não quer ver, assim é que, por vezes, o sofrimento se faz necessário, pois nos faz pensar, avaliar e, mais tarde, voltar a enxergar o que estava à nossa frente, mas não percebíamos, ou seja, que a grande maioria dos problemas é causada por nós próprios e que as soluções também se encontram com a gente.

Aí me lembrei novamente das perguntas que aprendi a fazer na terapia anos atrás:

O que tenho e quero manter?

O que tenho e quero eliminar?

O que desejo melhorar?

O que não tenho e quero evitar?

Que novo valor quero trazer para a minha vida?

Decidi dar um passo adiante e escolhi a humildade como esse novo valor. Faria uma viagem ao fundo de mim mesmo, percorrendo as entranhas dos meus defeitos para tentar melhorar definitivamente como ser humano e trazer para a minha vida os valores que realmente são os mais importantes.

Passei a resignar-me com a situação profissional, porém sem acomodar-me, trabalhando com o mesmo afinco de sempre, só que olhando mais para a equipe, os pares e chefes para tentar entender as necessidades dos outros e o que os motivava. Foi exatamente nesse ponto que o trabalho voluntário voltou a se apresentar como uma prioridade, visto que está sempre focado em fazer o bem ao próximo, mas para isso temos que entender o que cada pessoa precisa e espera de nós.

Com a mesma disciplina e o mesmo compromisso, a tal falta de tempo que servia de justificativa para ter largado alguns trabalhos voluntários acabava instantaneamente, e fui buscar atividades com as quais me identificava, a fim de dedicar parte do meu tempo a semear a caridade a outras pessoas.

Essa minha atitude fez resgatar o melhor de mim e foi fundamental para trazer a minha alegria de volta, só que agora de forma mais perene. O relacionamento dentro de casa, no trabalho e com os meus amigos melhorou sensivelmente, trazendo retorno ao meu esforço pelas mudanças.

No entanto, qualquer mudança interior não é imediata, requer muito comprometimento, perseverança e paciência, pois não basta racionalizar em cima do que se tem que mudar para que consigamos fazer de forma instantânea e natural no nosso dia a dia, temos sim que trabalhar o lado emocional e é exatamente aí onde estão todas as nossas dificuldades.

Foi um processo lento, em que principalmente alguns colegas de trabalho, no início, viram com uma certa desconfiança, mas em pouco tempo perceberam sinceridade nas minhas ações e passei a ter o apoio e o reconhecimento deles nas mínimas coisas.

Minha esposa também me apoiou muito e foi de suma importância nesse processo, pois era no lar e em nossa relação amorosa que estavam as minhas fontes revigorantes de energia.

Com o trabalho voluntário, conheci muitas pessoas bacanas e fui tornando-me cada vez mais participativo, sendo que humildade e caridade eram as palavras-chave para a realização da tarefa. Aprendi muito a trabalhar em equipe, a exercer a escuta empática e as características importantes de liderança, que refletiram também no meu emprego.

Enfim, nada está isolado e tudo tem um motivo, só precisamos nos sintonizar bem com o propósito que temos a realizar, e o Universo vai conspirando a nosso favor.

Capítulo 11

A APOSENTADORIA

Após vários anos tendo trabalhado em somente três agências de publicidade, havia chegado a tão sonhada hora da aposentadoria. Não alcancei tudo o que havia desejado desde jovem, mas certamente conquistei o que mereci e o que foi o melhor para mim.

Não tenho do que reclamar da minha vida e aprendi muito com todas as pessoas com quem trabalhei, ao contrário, só posso agradecer. Se não fui mais longe em termos de *status*, cargo e salário, não foi por falta de esforço, mas, principalmente hoje, reconheço que não teria sido para o meu bem.

Passei a valorizar muito o equilíbrio entre a minha vida profissional, pessoal e o trabalho voluntário, cada vez mais importante no meu dia a dia. Com certeza, um cargo com mais responsabilidade e deveres iria desequilibrar o que finalmente fazia sentido pra mim.

Uma coisa que me deixou muito feliz na minha longa carreira foi a campanha que o departamento pelo qual era responsável desenvolveu para o dia 10 de setembro, data internacional da prevenção do suicídio.

O tema foi o seguinte:

"VIDA, você a ganhou de presente e não deve desistir jamais.

Faça da vida um presente

Para que o seu presente transforme a sua vida."

Na televisão, desenvolvemos uma campanha em que entrevistávamos pessoas completamente diferentes quanto à raça, ao sexo, à religião, à posição social e à cultura geral. O que elas tinham em comum era a incrível vontade de viver e a força com que venciam as suas lutas diárias, sempre com resignação, fé e perseverança. Até costumo brincar que perseverança deveria ser a contração de perseguir os nossos ideais com esperança.

Os problemas apresentados foram os mais diversos, tanto de ordem material quanto de ordem moral, como situações financeiras precárias, dificuldades nos relacionamentos familiares, partilhas entre herdeiros, traições, amizades por interesse, inveja, ciúmes, alguma deficiência física, violência, abuso sexual, vícios, entre tantos outros. Era incrível ver como todos nós temos problemas e que superá-los é o grande desafio da vida.

Eram entrevistas curtas que iam ao ar em horários diferentes nos diversos canais de televisão, e a pessoa entrevistada expunha rapidamente os obstáculos que havia superado, as dificuldades que encontrou e como obteve êxito. No final, era comum a entrevista terminar em largos sorrisos ou emocionadas lágrimas.

Como resultado, a nossa agência ganhou prêmios no Brasil e no exterior, com o reconhecimento de vários governos e organizações não governamentais. Muitos projetos foram realizados, focando no auxílio a pessoas que apresentavam qualquer sintoma que pudesse levar à depressão e, por conseguinte, ao suicídio.

Foi nessa época que sonhei pela segunda e última vez com aquele ser de luz indescritível que me apareceu algum tempo após o suicídio de minha irmã. A sensação de percebê-lo e ouvi-lo era fantástica, exatamente como foi da primeira vez.

Ele me falou:

"Meu irmão, estamos muito felizes, pois você conseguiu realizar uma tarefa importante de resgate, que vai ajudar a muitas pessoas em diversos lugares. Desejamos que você continue a sua caminhada focado sempre no amor, na justiça e na caridade. Que Deus o abençoe!"

Também fizemos uma mensagem de Natal e fim de

ano muito comovente, com uma música de astral elevadíssimo que logo foi aceita pelo público em geral ao ser veiculada na televisão. Conseguimos reunir imagens belíssimas, tanto de paisagens quanto de pessoas que superaram desafios e conquistaram os seus objetivos, contagiando a todos pelo exemplo. No final, uma imagem impactante do nosso planeta Terra iluminado por chuvas de luz em todo o seu esplendor.

Era emocionante e muito gratificante andar pelas ruas e, muitas vezes, escutar as pessoas cantarolando o refrão da música, pois a letra era uma grande homenagem à alegria de viver e à esperança.

VIVA A ALEGRIA

Tudo pode acontecer
Só falta acreditar, acreditar.
Que você sempre vai vencer
Só falta acreditar, acreditar.

No mundo que vai aprender
Na vida que vai ensinar
No brilho que vai renascer
Para encantar.

Há sempre um motivo a mais
para sonhar, para sonhar.
A força que está em você
Vai realizar, realizar.

Os planos que você sonhou
Os sonhos que você plantou
Os gestos que você colheu
E nem percebeu.

Viva a nossa alegria
Em todos os momentos
Eterna magia.

Sinta a nossa euforia
são belos sentimentos
Da pura energia.

O amor que vai resplandecer
O céu que vai se iluminar
O Mestre que vai renascer
Para elevar...
O amor!

    Nos dias que antecederam a minha aposentadoria, batia um misto de ansiedade e angústia. Havia alguns clientes que já conhecia há mais de vinte e cinco anos e os considerava bons amigos, muitos deles de outras cidades do Brasil ou até mesmo no exterior, e ao visitá-los sentia como se fosse a última vez em que os veria na vida, pois apesar do relacionamento próximo, até onde essa "amizade" se estenderia fora do âmbito profissional? Por isso, essas visitas tiveram um certo ar de despedida e nostalgia.

Além disso, tinha alguns colegas com quem havia trabalhado por vários anos, nos quais dividimos alegrias e tristezas, e que, de repente, passariam a ser uma página virada do meu livro de histórias, assim como é com a grande maioria dos amigos de infância, adolescência e juventude. Poucos realmente ficam para toda a vida, mas todos, sem exceção, foram muito importantes.

Isso realmente me angustiava, pois mudaria completamente o meu ambiente e relacionamento do dia a dia. Por outro lado, não temia o porvir, visto que ocuparia todo o meu tempo livre com o trabalho voluntário e os *hobbies* que havia desenvolvido durante a minha existência.

Seria a grande oportunidade para tocar cada vez mais piano nos hospitais, asilos, casas de assistência à criança, voltar a me dedicar ao trabalho voluntário, oferecer palestras sobre diversos temas relacionados à minha experiência profissional e ao trabalho voluntário. Também me dedicaria a aprender coisas novas como um novo instrumento musical, um outro idioma, estudar sobre temas ainda pouco explorados por mim, fazer cursos de pintura, vinho, gastronomia, entre tantas outras coisas que a vida nos descortina a cada dia.

Um outro sonho seria viajar mais com a minha família e morar um tempo em alguns dos lugares que mais nos encantaram. Maria já exercia a profissão de advogada trabalhista havia alguns anos, em uma empresa sólida, e estava namorando firme um rapaz também advogado. Ângela iria se aposentar dentro de no máximo dois anos e já tínhamos planejado viajar por alguns lugares na França, alugando um pequeno apartamento ou casa no sul, para servir de base para conhecer lugares próximos.

Interessante foi que eu vi um filme sobre um aposentado de setenta anos que já estava entediado após ter viajado por tudo quanto é lugar, que buscava um monte de coisas para aprender e fazer após a aposentadoria, e ele falava que, no início, até gostava daquela falsa sensação diária de faltar ao trabalho, mas, com o passar do tempo, já não conseguia pensar em mais nada. Aí ele mencionou que os músicos só param de tocar quando não há mais música neles, mas que ainda havia muita música dentro do seu coração. Foi então que ele se candidatou para uma vaga de estagiário para a terceira idade, e o filme se desenrolou sobre esse tema.

Enfim, a aposentadoria chegou, e eu me sentia preparado para essa nova etapa da vida, com mais maturidade e serenidade, satisfeito com o que havia realizado profissionalmente e ainda com muito gás para novos projetos. Só não tinha a intenção de continuar em algum emprego, pois havia sido previdente e investido numa complementação previdenciária que, juntando com a renda da Ângela, nos permitiria viver com o suficiente sem precisar trabalhar diariamente no esquema de escritório. Assim, poderia dedicar o meu tempo a atividades completamente focadas dentro dos meus interesses, sem nenhuma conotação financeira. Não seria uma vida abastada, mas teríamos o suficiente para sermos felizes.

※ ※ ※

E assim os anos foram se passando, realizamos cada um de nossos projetos, alguns exatamente como havíamos planejado, e outros, a vida se encarregou de modificá-los, obrigando-nos a uma adaptação necessária. Fizemos novos amigos nos períodos em que vivemos na França, quando nos envolvemos em projetos por lá, em trabalhos voluntários, em cursos, e ganhávamos em cultura geral e nos aprendizados sociais. A volta ao Brasil era sempre uma alegria, pois reencontrávamos nossos vizinhos e amigos em geral, colocando a conversa em dia em jantares que oferecíamos em casa, momentos em que o bate-papo era dos mais animados.

De mais relevante nesse período da aposentadoria foi o fato de, logo no início, ter de internar o meu pai numa clínica para idosos, visto que ele começou a apresentar um problema de degeneração mental após o falecimento de seu companheiro em decorrência de um ataque fulminante de coração. Apesar da tristeza de tirar o meu pai de dentro de sua própria casa, o que me fez adiar muito essa decisão, fui convencido de que essa clínica ofereceria o melhor para ele, pois tinha profissionais competentes, cuidadores extremamente dedicados e toda a assistência médica à disposição. Como gostei muito do ambiente da casa, que era bem arejada e rodeada de árvores e plantas, resolvi vencer a minha própria resistência e oferecer a ele uma oportunidade de envelhecer dignamente. Por já apresentar uma idade bem avançada, ele faleceu de morte natural uns dois anos após a internação.

Também teve o casamento de minha filha com o noivo advogado após cinco anos de namoro, o que me encheu de alegria, pois sempre fui um grande fã dessa minha *filhota*. Além disso, gostava muito do meu genro, pois percebia nele uma pessoa com uma bela formação moral e intelectual, o que me dava a certeza de ser alguém voltado para o bem. Era comum, inclusive, ele atender as pessoas mais carentes que necessitavam de algum suporte legal, sem cobrar nada pelo serviço. Eu valorizo tanto o trabalho voluntário hoje em dia, que acho que deveria fazer parte do currículo de qualquer candidato a trabalho nas empresas, pois a nossa sociedade precisa cada vez mais de pessoas que se preocupem com o próximo.

    Aliás, quando minha filha e o noivo foram fazer a lista de casamento, fizeram um acordo com uma determinada loja e, nas compras acima de um respectivo valor, um percentual seria doado a uma casa de caridade, seguindo um exemplo parecido com o que eu e Ângela fizemos em nosso casamento. Foi escolhida uma instituição filantrópica que faz um trabalho fora de série com mais de cinquenta famílias e quase cem crianças, oferecendo assistência diária a crianças e adultos, num trabalho de inclusão social de famílias em situação de risco social. Fui conhecer a casa e o ambiente é extremamente acolhedor, com pessoas dedicadas às tarefas e muito colaborativas. Um verdadeiro hospital e educandário para tratar de nossas dores e do nosso aprendizado moral.

    Fizemos uma festa simples, convidando apenas as pessoas mais chegadas à história do casal. Por isso, o ambiente familiar do casamento foi de uma energia incrível, e eu me emocionei muito durante a cerimônia. Por mais que a gente tente se desapegar e criar os filhos para o mundo, nessas horas sempre há um lado meio egoísta dos pais, que sentem que os filhos estão partindo para uma nova etapa e uma nova família, deixando de ser aquelas nossas criancinhas maravilhosas.

As lembranças vinham à mente, e eu me divertia e chorava sozinho, recordando aqueles sorrisos infantis de quando íamos ao cinema juntos, ou quando assistíamos alguns DVDs em casa, e ela literalmente se enroscava em mim, talvez para se sentir mais próxima. Também me lembro de quando ela ia me mostrar uma música no piano sem saber tocar nada e, muito cheia de si, olhava pra mim como se pedisse aprovação para aquele emaranhado de notas desconexas. Eu sempre tive a esperança de que um dia ela seriamente entraria em alguma aula de piano, coisa que nunca aconteceu.

Enfim, em poucos minutos, eu via um filme na tela da minha mente, com as melhores recordações que tinha de minha filha e, ao observar a minha esposa com o semblante de muita emoção, percebi que, com certeza, estávamos vendo o mesmo filme. Foi definitivamente inesquecível em nossa vida.

Epílogo

Nunca fui muito fã dos últimos capítulos de novelas, pois, para se dar um fim a uma trama extensa, apressadamente resolvem-se todos os problemas e o mundo se transforma imediatamente num mar de rosas, sendo que os "maus" são punidos e os "bons" conquistam tudo o que merecem, além daqueles que, não tendo encontrado ninguém até o momento, conhecem o amor de sua vida exatamente no último capítulo.

Só que nenhum de nós escapará do epílogo de nossa vida, e eu tenho a satisfação de agradecer a Deus por ter me dado a chance de me despedir e registrar minhas últimas palavras. Assim, pude recordar os principais momentos de minha existência e agradecer por cada oportunidade que tive. Lembro-me das minhas amadas esposa e filha, dos amigos que sempre estiveram comigo e me apoiaram nos momentos mais difíceis, dos meus familiares e dos relacionamentos que nem sempre foram fáceis, das namoradas que tive e do quanto aprendi com elas no decorrer da minha juventude, dos colegas de trabalho, dos clientes e, finalmente, de alguns supostos "inimigos".

Aliás, prefiro chamar esses "inimigos ou desafetos" de adversários que foram grandes mestres, pois, ao me desafiarem constantemente, e muitas vezes serem contra as minhas ideias e atitudes, mesmo sem saber, fizeram-me muito bem, pois assim pude trabalhar o meu aperfeiçoamento e exercer a paciência e a resignação. Tudo bem que muitas vezes a minha primeira reação era a de reclamar da situação, mas entendido o motivo das coisas e como elas me atingiam, procurei reagir de forma a promover a minha mudança interior e, dessa forma, esses desafetos foram de grande valia.

Os anos de aposentado com muitas atividades e projetos de vida foram sensacionais, mas a idade chegou e, muitas vezes, a genética é infalível em nossa vida. Comigo foi exatamente assim e acabei herdando de minha mãe a doença terrível que a levou em poucos meses e que, pelo caminhar das coisas, me levaria muito em breve.

Com isso, experimento o mesmo sentimento que tive ao se aproximar a minha aposentadoria. A diferença agora é que não tenho certeza do que virá após, mas as dores constantes que sinto me fazem desejar logo um final feliz. Naturalmente, nesses dias no hospital, alguns sentimentos germinam em meu coração, são lembranças, angústias, ansiedades, e também um certo grau de paz e serenidade por entender que é chegada a hora da partida.

Tive um último sonho com minha irmã Débora e que me deixou muito feliz, pois ela estava com uma aparência bem melhor do que nas vezes anteriores, num jardim muito bonito e, dessa vez, até conversamos um pouco. Ela se mostrava muito agradecida pela imensa misericórdia divina, por intermédio da qual o perdão a havia conduzido a uma nova oportunidade de aprendizado, compensação da falta e reparação dos erros. Não me recordo de muito mais, apenas de que terminamos a conversa com eu dizendo um até breve.

Não deixo de herança muitos bens, pois preferi não ser apegado materialmente e viver a vida com as coisas que me enriqueciam por dentro. Agora que está chegando o meu fim, fico ainda mais feliz com essa decisão, visto que aquilo que conquistei internamente, o que aprendi intelectualmente e os valores morais continuarão sempre comigo e posso garantir que as lembranças boas que temos dos que já se foram estão nos pequenos detalhes que nos marcaram emocionalmente, e não na quantidade de bens materiais que deixaram. De meu pai, por exemplo, recordo-me de quando lanchávamos à noite em casa, e ele cortava o queijo em fatias, lançando-os literalmente em cima de nossos pratos. Ele não errava nunca! É assim que construímos a nossa memória afetiva e sentimos uma saudade gostosa das pessoas que marcaram a nossa vida.

Sinto que não terei muito tempo pela frente e resolvi deixar este livro pra você, enquanto ainda tenho forças para escrever. Este é o melhor bem que posso lhe entregar e espero que algum dia os meus netos, que não terei a oportunidade de conhecer, possam entender um pouco desse avô ao ler essas palavras.

Não me considero um grande exemplo de vida, mas lutei, caí, ergui-me, aprendi, ensinei, errei, machuquei, arrependi-me, desculpei-me, corrigi-me, sorri, chorei, enfim, vivi intensamente e, acima de tudo, amei. Ah, o amor, ele deve ser o total objetivo em nossa vida, o puro amor que serve de alimento para nossa alma e cuida das pessoas sem egoísmo, orgulho, vaidade, inveja ou ciúmes.

Agradeço a sua companhia durante essas páginas da vida em que estivemos juntos, seja lá quanto tempo tenha durado. Quando sentir saudades, folheie este livro e lembre-se de mim com amor. Sou tão imperfeito quanto qualquer pessoa, mas procurei fazer o meu melhor e se, em algum momento, magoei-o, desde já peço perdão, pois não tive a intenção.

Ainda não me apresentei, nem sequer revelei o meu

nome, que só poucos conhecem. Eu não sou alguém específico, sou uma pessoa comum, com qualidades e defeitos, com anseios e realizações, com dúvidas e certezas. Um ser que, mesmo rodeado de pessoas, na juventude sentia-se muito só, revoltava-se com as dificuldades e reclamava constantemente dos problemas, como se os meus fossem maiores do que os seus ou de toda a humanidade.

O meu nome pouco importa, eu posso ser você, um familiar, um amigo, um colega, um desafeto ou até mesmo um total desconhecido. O que importa é essa minha história, a sua, a nossa história, pois elas coincidem em muitos pontos com alguma que você certamente conhece ou vivencia. Somos personagens de uma vida temporária e protagonistas do que acontece nela. Não há mocinhos nem bandidos, apenas pessoas que estão em pontos e momentos diferentes da estrada, precisando de ajuda e devendo ajudar a quem necessita, a fim de chegarmos ao nosso destino. Sejamos gentis com o próximo, pois cada um de nós trava um batalha interior e todos queremos acertar.

Sou uma pessoa que aprendeu muito com a vida, essa dádiva que recebemos para cada dia trabalhar, servir os nossos semelhantes e melhorar como ser humano.

Tive dificuldades nas lutas diárias, mas em vez de ficar murmurando por aí, pelos cantos, e com qualquer um, enfrentei tudo com perseverança e com a certeza de que resolveria os meus problemas, que eles sempre durariam o tempo certo para o meu aprendizado, servindo de pilares para o meu crescimento.

Lógico que houve dias em que acordei desanimado ou com alguma preguiça (normalmente às segundas, risos!), dias difíceis em que nada parecia dar certo, que o mundo parecia estar contra mim, mas, mesmo assim, sei que isso também foi para o meu bem e que não adiantaria fugir do compromisso com a vida, pois as oportunidades estão aí por toda a parte e, por isso, devemos estar alertas e de coração livre para aprender.

Hoje, eu digo que viver valeu muito a pena, que é uma bênção a qual devemos agradecer e aproveitar cada dia, não com os sentidos do prazer efêmero de duração curta e vago de sentimento, mas com a profundidade de quem está em busca da felicidade perene nos mínimos detalhes de cada olhar, palavra, ação e pensamento.

Espero sinceramente que tenhamos feito uma viagem pela vida, que sirva para aproximar mais o nosso coração em prol do autoconhecimento e do crescimento para missões ainda maiores.

Por que eu decidi viver?

Você sabe a resposta...

"Sejamos pétalas, pois há espinhos demais,
Sejamos calmaria, pois há tempestades demais,
Sejamos amor, pois o amor, o verdadeiro amor,
Nunca é demais." (Frederico Sawabini)

DESEJO MUITA PAZ E AMOR NO SEU CORAÇÃO,
POIS VOCÊ TEM UMA GRANDE MISSÃO!

Viver é a melhor opção.

O CVV - Centro de Valorização da Vida - é uma organização não governamental (ONG), não religiosa, que oferece atendimento gratuito de apoio emocional e prevenção do suicídio. Disponível 24 horas por dia.

O atendimento ocorre de forma anônima, respeitosa, sem aconselhamento ou julgamento e com estrito sigilo sobre tudo o que for dito.

Mais informações sobre o atendimento: ligue **188**

ou acesse: **www.cvv.org.br**

ideeditora.com.br

✽

Acesse e cadastre-se para receber
informações sobre nossos lançamentos.

INSTITUTO
DE DIFUSÃO
ESPÍRITA

IDEEDITORA.COM.BR
IDEEDITORA
@IDEEDITORA

"Esta é uma obra de ficção, qualquer semelhança com nomes, pessoas, fatos ou situações da vida real terá sido mera coincidência."

IDE Editora é apenas um nome fantasia utilizado pelo INSTITUTO DE DIFUSÃO ESPÍRITA, entidade sem fins lucrativos, que promove extenso programa de assistência social, e que detém os direitos autorais desta obra.